Riviera *Style*

Die Deutsche Bibliothek - CIP-Einheitsaufnahme

Riviera Style : Wohnen und Lebensart
von Capri bis zur Côte d'Azur / Diane Berger.
Fotogr. von Tim Clinch und Francesco Venturi.
[Aus dem Engl. von Marianne Kurda]. -
Köln: DuMont, 1999
Einheitssachtt.: Riviera style <dt.>
ISBN 3-7701-4825-8

Originaltitel: Riviera Style

Aus dem Englischen von Marianne Kurda
Redaktion und Satz der deutschsprachigen
Ausgabe: Wallstein Verlag GmbH, Göttingen

Printed and bound in Italy
ISBN 3-7701-4825-8

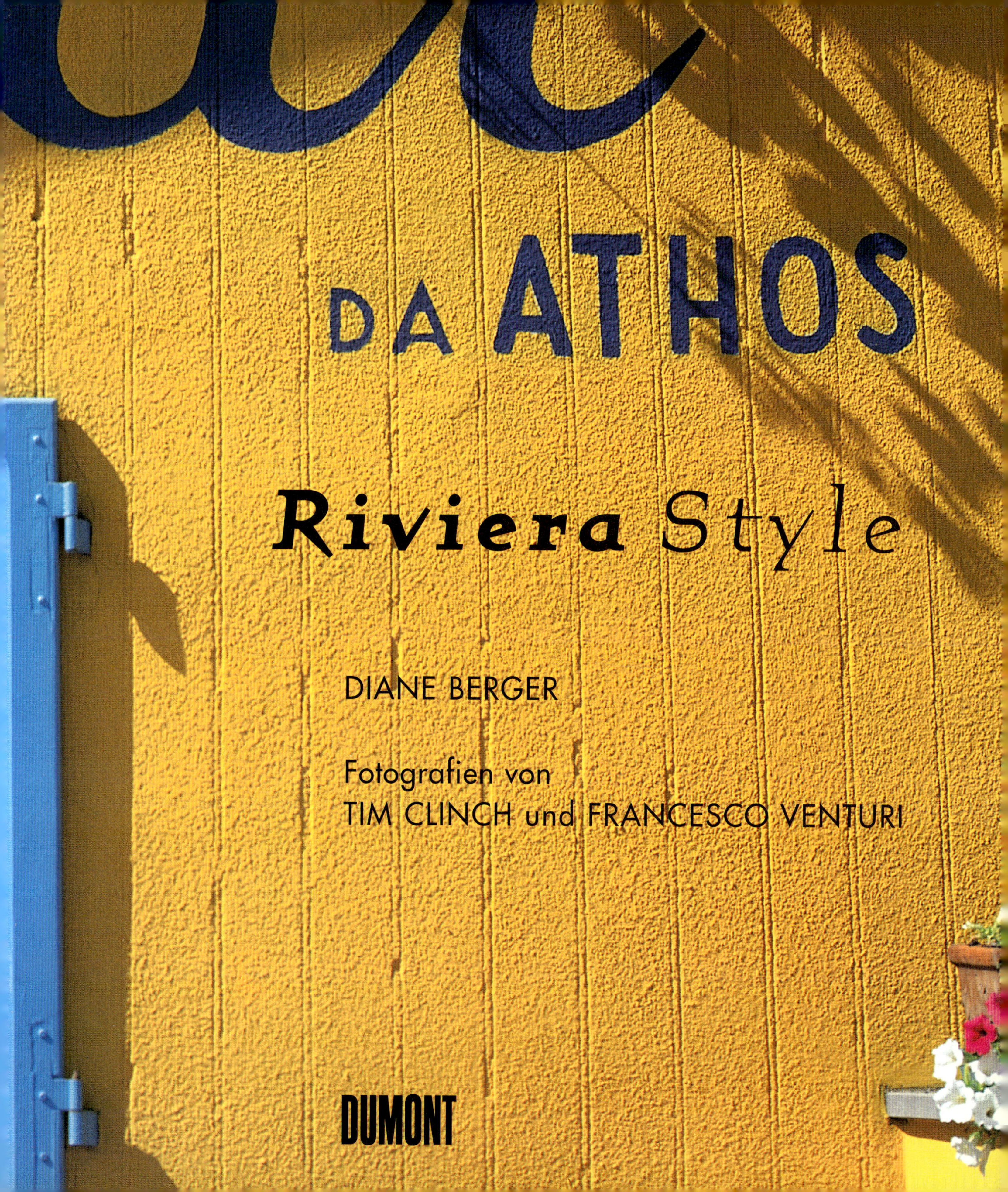

Riviera Style

DIANE BERGER

Fotografien von
TIM CLINCH und FRANCESCO VENTURI

DUMONT

Inhalt

MARTINEZ

Glamouröses Frankreich

› Die Côte d’Azur ‹

GEGENÜBER Zwei Ikonen der Riviera auf einen Blick: Brigitte Bardot posiert vor dem ›Carlton‹; Badefreuden und Fünf-Sterne-Luxus machen den Reiz der Côte d'Azur aus.

Glamouröses Frankreich

Ende des 18. Jahrhunderts schrieb Madame de Sévigné, eine Dame der feinen französischen Gesellschaft, bei ihrem ersten Besuch der Côte d'Azur in ihr Tagebuch: »... nie gab es eine schönere und herrlichere Landschaft.« Sie war weder die erste noch die letzte, die so ins Schwärmen geriet, denn die französische Riviera begeistert Vergnügungsreisende schon seit Jahrhunderten. In jüngerer Zeit gehörte das viktorianische England zu den ersten Ländern, das ihre Vorzüge erkannte. Genau wie die Adeligen anderer west- und osteuropäischer Länder flohen die Viktorianer vor den nördlichen Wintern an die Côte d'Azur und schoben dabei gesundheitliche Gründe vor. 1817 schrieb William Chambers: »Überdruß an der Etikette und Spaß an der Freude treiben scheinbar genauso viele ins Ausland wie eine völlig ruinierte Gesundheit.« Seit jener Zeit bekannte man zunehmend offener, daß man die Côte d'Azur hauptsächlich zum Vergnügen besuchte – die oberen Zehntausend in den »Roaring Twenties« ebenso wie die Künstler und Autoren der Moderne, die Filmstars der 50er und 60er Jahre und die Touristen von heute.

Lord Henry Brougham, ehemaliger Lordkanzler von Großbritannien, zählte zu den ersten prominenten Engländern, die an der Azurküste Zuflucht suchten. Mit seiner Tochter stieg er in einem kleinen, einfachen Hotel in Cannes ab, das zuvor bereits Gäste wie den französischen Schriftsteller Victor Hugo beherbergt hatte. Schon nach knapp vierzehn Tagen gefiel Lord Henry die Gegend so gut, daß er die Villa ›Eleanore‹ kaufte, die er jahrelang bewohnen sollte. Scharen wohlsituierter Engländer folg-

CARLTON HOTEL

GEGENÜBER & RECHTS Der Traum vom sorglosen Leben an der Riviera in den 50er Jahren: Segeln und Sonnenbaden und abends glanzvolle Cocktail-Parties, Dinner bei Kerzenschein, Tanz und Roulette – wirklich geworden für die Bikini-Schönheiten an Deck einer Jacht und eine sonnengebräunte Lana Turner, unterwegs ins Nachtleben von Cannes.

ten seinem Beispiel. 1878 segelte der Prinz von Wales auf der ›Britannia‹ an die Riviera und erklärte: »... ich besuche die Riviera wie einen Klub. Man befindet sich in guter Gesellschaft und trifft zusammen wie auf einer Gartenparty.«

Die Erholungsuchenden des ausgehenden 19. Jahrhunderts staffierten ihr neu entdecktes Paradies aus hochgelegenen Dörfern und Fischerhäfen nach ihrem Geschmack aus und schufen sich mit Märchenschlössern im Stil der Belle Époque, Boulevards für Strandpromenaden und Gärten voller tropischer Pflanzen eine phantasievolle, exotische Welt.

In den 20er und 30er Jahren verlieh ein Paar der amerikanischen High Society, Gerald und Sara Murphy, dem Lustprinzip besonders überzeugenden Ausdruck. »Für Sara und Murphy – Manches Fest« lautet die Widmung in F. Scott Fitzgeralds *Zärtlich ist die Nacht*. Gern und oft gab das Paar Feste in seiner Villa ›America‹ in Antibes, die im Roman als Villa ›Diana‹ erscheint: »Einem Weg folgend, der von einem ungreifbaren Nebel aus Blüten entlang einer weißen Steineinfassung markiert war, kam [man] auf eine Stelle mit Blick aufs Meer, wo Laternen in Feigenbäumen schliefen und wo auch ein großer Tisch war, Korbsessel, und ein großer Marktschirm aus Siena, alles unter einer riesenhaften Pinie (...)« Die Interieurs waren mit weißen Wänden, schwarzen Bodenfliesen und schwarzen Satinpolstern ganz Avantgarde. Auf der auch als Freilichtwohn- und -eßzimmer genutzten Terrasse gab es nicht die üblichen Korbmöbel oder schnörkeliges Schmiedeeisen, sondern schlichte Kaffeehausmöbel mit Silberanstrich. Die Murphy-Biographin Amanda Vaill nennt es »... frisch, eklektizistisch, überraschend, seiner Zeit weit voraus.«

GEGENÜBER Vor dem Hintergrund des märchenhaften Cannes mit seinen Prachtbauten im Stil der Belle Époque und palmengesäumten Stränden konnten Hollywoods Stars strahlend glänzen und Modeschöpfer ihre Talente beweisen: Zsa Zsa Gabor in großer Pose beim Filmfestival in Cannes 1952.

RECHTS Sophia Loren in großer Garderobe auf dem Filmfestival von 1955. Jack Palance und Arlene Dahl vor dem ›Carlton‹ beim Filmfestival 1954.

Mode spielte damals wie heute eine große Rolle an der Côte d'Azur. Hier entwarf Coco Chanel ihre berühmten Strand-Pyjamas mit großen Taschen für Spieljetons, falls es die Damen in die Glitzerwelt der Casinos ziehen sollte. Das gab Juan-les-Pins den Spitznamen »Pyjama-Land« und markierte in der Modewelt die Trendwende zur Freizeitbekleidung. Wenige Jahrzehnte später löste die Bardot in Saint-Tropez mit einem schlichten Gingan-Kleid einen weltweiten Run auf diesen Stoff aus.

Viele Designer, Schriftsteller, Künstler, Intellektuelle, Filmemacher und sonstige Berühmtheiten hinterließen Spuren an ihrer geliebten Azurküste. Noël Coward komponierte *I went to a Marvellous Party* nach einem der berüchtigten lokalen Feste, und das Stück *Intimitäten* wurde in einer der Villen hier ersonnen und geprobt. Verschiedenste Schriftsteller – André Gide, Edith Wharton, Graham Greene, Somerset Maugham, Françoise Sagan, Colette und Jean Paul Sartre – suchten Inspiration an der Côte d'Azur. Das strahlende Licht lockte Künstler wie Matisse, Cocteau und Picasso. Die zauberhafte Kulisse begeisterte Filmregisseure und Stars, und Fotografen wie Jacques-Henri Lartigue standen bereit, um alles zu dokumentieren.

Für die Journalistin Mary Blume charakterisierte die Atmosphäre schöpferischer Freiheit das Leben an der Riviera: »Illusion ist hier das Hauptgeschäft … Für die Fremden war die Côte d'Azur eine Zuflucht, Zuflucht vor der Winterkälte und vor gesellschaftlichen Zwängen: um all dem zu entkommen und schließlich mit allem durchzukommen.« Die Riviera schien wie geschaffen für ein Filmfestival. Seit 1946 gab es das Filmfestival von Cannes, aber der internationale Durchbruch kam erst 1959 mit

RECHTS Pablo Picasso und seine Frau Jacqueline 1957 in ihrer Villa in Cannes. Als einer der berühmtesten Anwohner der Côte d'Azur gehörte er zu den vielen Künstlern, Schriftstellern und Intellektuellen, die an der Riviera ihren schöpferischen Freiraum fanden.

Roger Vadims Film *Und immer lockt das Weib* mit Brigitte Bardot in der Hauptrolle, gedreht in Saint-Tropez. Die Côte d'Azur stieg auf zur glanzvollsten Metropole der Filmwelt. Paparazzi-Schnappschüsse und Zelluloidstreifen zeigen die Bardot, Grace Kelly und andere Filmidole strahlend schön, perfekt gebräunt und sorglos.

Mit Filmen wie *Über den Dächern von Nizza* und *Monaco Baby* führte Hollywood das schöne, leichte Leben an der Riviera vor, und bald tummelte sich alle Welt auf den palmengesäumten Stränden, um auch ein Stück vom Glück zu ergattern. Die Schönheit von Saint-Tropez und der Azurküste war für alle da. Roger Vadim nannte es »... die geglückte Mischung von jung und alt, reich und arm. Jemand ohne Geld konnte leben wie ein Millionär, und ein Millionär konnte sich als Bohemien vergnügen.«

Im Alter verabscheute Colette die neue Popularität ihrer geliebten Côte d'Azur und entrüstete sich zusammen mit anderen der alten Garde wie Sara Murphy und Zelda Fitzgerald darüber, daß Menschen sich doch tatsächlich einen Strand teilen mußten. Die private Phantasiewelt war öffentlich geworden. Die Côte d'Azur bewahrte sich jedoch ihren Charme – den Kontrast zwischen eleganten Abendgesellschaften und stimmungsvollen Dorffesten, großen Jachten und bemalten Fischerbooten, extravaganten Villen und bescheidenen Fischerhütten, alles eingebunden in den natürlichsten Luxus der Welt – Sonne und Meer.

RECHTS

Als sich Brigitte Bardot in Saint-Tropez niederließ, wo sie mit ihrer schlichten Freizeitkleidung modische Trends setzte, stand der kleine Ort bald hoch im Kurs.

LINKS & UNTEN RECHTS Der Pool zwischen Zierbäumen in Tiergestalt verrät ein Faible für die phantasievollen Elemente der französischen Gartenarchitektur des 18. Jahrhunderts. Das auf einer Camargue-Reise erworbene vietnamesische Bambusfahrrad mit Satteltaschen voll frischer Blumen enthüllt eine Passion fürs Reisen und die lokalen Dorfmärkte.

Kostümfilm

Menschenkenner wußten schon immer, daß ein Haus etwas über die Eigentümer verrät und ihre Vorlieben deutlich ans Licht bringt. Auf Diane und Tom Berger trifft das ganz sicher zu. Interieurs und Gärten, ja selbst die Umgebung ihres verträumten Domizils erzählen beredt von ihrer Begeisterung für das Dorfleben mit seinen Reiterspielen und Stierkämpfen, durchfeierten Nächten auf dem Dorfplatz, dem bunten Markttreiben, den Kirchenglocken und den Cafés der Belle Époque.

Eingebettet in Weingärten und Olivenhaine, versteckt sich das rosafarbene Haus in einem kleinen provençalischen Dorf hoch in den Bergen oberhalb der Riviera. Hier schuf die Kunsthistorikerin Diane Berger eine Phantasiewelt, in der das Lieblingslied des Paares *La vie en rose* leibhaftige Gestalt annimmt. Sie verwandelte eine nur noch von Skorpionen bevölkerte Ruine mit Lehmfußböden in die perfekte Kulisse für ihren ganz persönlichen Film, der mit Mobiliar und Dekor effektvoll in Szene gesetzt ist. Alle Einzelstücke, liebevoll zusammengetragen aus dem Fundus der Flohmärkte, Trödelmärkte, Abbruchhäuser, lokalen Antik-Shops und Secondhandläden, spiegeln Stil und Traditionen der Region.

Man betritt das Haus durch eine geräumige Eingangshalle mit großen Spiegeln im Stil barocker Trumeaux – Diane Bergers provençalische Antwort auf den Spiegelsaal von Versailles. Etwas rustikaler spiegeln sich hier allerdings eine Holzbalkendecke

Ↄ RECHTS & GEGENÜBER Das Haus war zwar eine Ruine, als Diane und Tom Berger es entdeckten, aber nun, nach dem Umbau, verbindet es geschickt die klare Kraft und Farbigkeit französischer Dörfer mit eleganten kunsthistorischen Stilelementen. Originale schmiedeeiserne Liegestühle mit Bezügen aus Waschkunstseide erinnern an das große Zeitalter der Seereisen.

und, sowie man die Tür öffnet, ein Lavendelfeld und der mit Enten, Singvögeln und Kaninchen bevölkerte Ziergarten draußen. Eßzimmer, Küche und die Speiselaube im Freien sind als privates Bistro-Café eingerichtet und verkörpern damit den Inbegriff des Traums vom dörflichen Leben, den sich das Paar erfüllen wollte.

Kernstück des Eßzimmers ist ein echter Schlachtertisch mit Stierkopfreliefs, dessen Sockel Diane Berger mit einem rosa Grundanstrich und dem Schablonendruck tanzender Stiere in Gold versah. Eine Wand ist übersät mit Illustrationen von Bistro-Utensilien der Jahrhundertwende wie Kunstfaser-Deckchen, Gläsern etc. Das charmante Dokument diente als Vorlage für die Kücheneinrichtung im Kaffeehausstil, deren Wände die Originalgegenstände schmücken:

Auf Theke und Regalen ist eine Sammlung von klassischem Bistro-Geschirr ausgestellt. Ein besonderer Fund war die originale Zinktheke aus einem Café – komplett mit Spülbecken und Hähnen –, die Diane Berger mit einem Stierkopf bemalte.

Auch das Schlafzimmer, das den Eindruck erwecken soll, man wohne über einem Dorfrestaurant, entspricht Bergers Vision des provençalischen Traums. Das in Steppdecken gehüllte Bett und die Krone über dem Kopfende stammen vom Flohmarkt. Zur Aufbewahrung dienen Schränke, altmodische Wäschekörbe und Kleidertruhen. Im ganzen Haus gibt es nicht einen Einbauschrank. Als atmosphärischer Gipfelpunkt schmeicheln hier und in den anderen unverhohlen verträumten Zimmern romantische Akkordeonklänge des 19. Jahrhunderts, die diese provençalische Idylle perfekt abrunden.

GEGENÜBER & UNTEN LINKS Durchgängiges Thema ist die Inszenierung von Geschichte: Die Torrero-Mantille an einem gemalten Kleiderständer im Flur; die gemalte Ladenfassade im Stil des 19. Jahrhunderts, ursprünglich ein Bühnenbild, dient als Hintergrund im Ankleideraum.

UNTEN RECHTS Originale Bistro-Stühle, Kissenbezüge mit lokalen Stiermotiven, eine Zinktheke und Originalreklame verwandeln die Küche in ein Dorfcafé.

OBEN Türen aus einem Schloß des 18. Jahrhunderts verleihen der Eingangshalle einen Hauch von Grandeur. Abends reflektieren Spiegel im Trumeau-Stil bei Kerzenlicht die zarten Pastelltöne des Interieurs, vergoldete Kanten und leuchtende Sonnenblumensträuße.

RECHTS Im großen Salon soll die Provence alter Zeit auferstehen. Erlesene Stilmöbel, jedes Stück mit einem anderen, hübsch gemusterten Bezug, sind hier mit alten Portraits und antiken Skulpturen kombiniert.

UN
AFRICAIN

LINKS Effektvolle Trompe-l'œil-Malerei findet sich in fast jedem Raum. Die Gemälde im Treppenhaus zeigen einen Pariser Bauplatz im 18. Jahrhundert. Diese letzte Anschaffung zur Innenausstattung schien der aufwendigen Restaurierung, die eine Ruine in altem Glanz erstehen ließ, den angemessenen Tribut zu zollen.

RECHTS Die lebhaften Pinktöne des Eßzimmers wurden von den Rosatönen inspiriert, die der im nahen Arlessien geborene Designer Christian Lacroix so gern verwendet: Der Eßtisch wurde in strahlendem Fuchsienrot lackiert und mit goldenen Glocken bedruckt, die Wände in weichem Rosa gestrichen. Der Wandschirm mit Musikern und Zechern stammt aus einem Bistro.

☽ LINKS & UNTEN Das provençalische Bett mit Krone im Schlafzimmer stammt von dem berühmten Flohmarkt auf der Ile-sur-la-Sorgue. Im Sommer durchflutet Sonnenlicht den Raum, im Winter wärmt ein knisterndes Feuer den Terrakottafußboden. Die Waschbecken aus einem Friseursalon des 18. Jahrhunderts im Bad kommen von einem Antikmarkt. Auf der Ablage versammeln sich Lieblingsparfums und Bade-Essenzen.

BYBLOS

LINKS Die klassische Skulptur unter dem Wappen des Hotels ›Byblos‹ zwischen exotischen Kakteen erinnert an die römischen Ursprüngen der Riviera. Das Hotel vereint griechische, römische, italienische und französische Einflüsse.

Dorfleben

Als der französische romantische Schriftsteller Guy de Maupassant im späten 19. Jahrhundert in den malerischen Hafen von Saint-Tropez segelte, erlag er sofort dem natürlichen Charme des kleinen Fischerortes. In *Auf dem Wasser* beschreibt er das ungekünstelte Leben der Kleinstadt und nennt sie »... eine jener bezaubernden, schlichten Töchter der See, eine jener bescheidenen, kleinen Städte, die im Wasser heranwuchsen wie ein Schalentier, genährt vom Fisch und der Seeluft ...«

Genauso bezauberten die pastellfarbenen Fassaden der Dorfhäuser und Cafés, das strahlende Sonnenlicht und das Meer auch viele andere Künstler, Schriftsteller und Designer des 19. und 20. Jahrhunderts, die gerne hier lebten und arbeiteten – den Maler Paul Signac ebenso wie Bonnard, Matisse, Seurat, Dufy und viele andere. Die französische Schriftstellerin Colette wohnte in La Treille. Sie ließ ihren bekannten Roman *Die Freuden des Lebens* in Saint-Tropez spielen und eröffnete einen Kosmetiksalon, den auch die berühmte Coco Chanel besuchte – so trug sie zur stetig anwachsenden Eleganz der Stadt bei.

Seither wandelte sich das verschlafene Fischerdorf zum Tummelplatz des Jet-Set, aber was einst Literaten, Intellektuelle und Künstler anlockte, hat sich bis heute erhalten und bestimmt auch den Anblick des einzigartigen Hotels ›Byblos‹: die malerische Komposition von Licht und Farbe, die gedrängte Dorfarchitektur und natürlich das allgegenwärtige Meer.

RECHTS & GEGENÜBER Das unverkennbare Wappenbild des ›Byblos‹ – Zeus verführt Europa – ist eine bezaubernde Synthese aus antiker mediterraner Mythologie, lokaler Töpferkunst und zeitgenössischem Design. Auch das Hotel selbst verbindet mediterrane Traditionen mit lokaler Architektur und modernem Luxus.

Das als »Dorf im Dorf« konzipierte ›Byblos‹ öffnete 1968 als Hotel für die Reichen und Berühmten, die damals nach Saint-Tropez strömten. Mit Roger Vadims Filmerfolg von 1959 *Und immer lockt das Weib*, gedreht in Saint-Tropez mit der jungen Brigitte Bardot als Star, die bald zur berühmtesten Einwohnerin wurde, hatte der Ort neues Ansehen gewonnen. Das ›Byblos‹ bot Luxus, Intimität und Romantik. In Architektur und Dekor an das Flair der farbenfrohen, dicht gedrängten Dorfhäuser anknüpfend, imitierte und bewahrte es den Stil und das ursprüngliche Ambiente des ehemals verträumten Fischerhafens.

Das von dem libanesischen Unternehmer Prosper Gay Para gegründete ›Byblos‹ gehört nun dem Franzosen Aigle Azur. 1998 wurde es vollständig umgebaut, bewahrte jedoch mit seinen farbigen Fassaden und roten Ziegeldächern, die sich um den unwiderstehlichen Pool drängen, die Atmosphäre eines provençalischen Dorfes. Von den Terrassen und den Privatgärten der Luxussuiten genießt man eine großartige Aussicht.

Das Äußere zeigt zwar den traditionellen Stil von Saint-Tropez, aber die Innenräume sollten sich von allen anderen Hotels unterscheiden. So zieren nun griechische, römische und persische Mosaiken, antiker Marmor und anderes Gestein sowie Skulpturen und Büsten die ortsüblich rustikal verputzen Wände. Inszeniert als Labyrinth gewundener Gassen und privater Innenhöfe, gesäumt von Zimmern im Villenstil, mit Fassaden in leuchtenden Gelb-, Rot- und Lavendeltönen in einem Meer aus Olivenbäumen, Oleander und wogenden Palmen, vereint das Hotel eine Fülle mediterraner Einflüsse.

GEGENÜBER & OBEN Der farbenfrohe Fassadenputz sollte nahtlos an die Altstadt von Saint-Tropez anschließen. Um lebhafte Akzente zu setzen, engagierte der ursprüngliche Innenarchitekt André Denis den Töpfer Roger Capron, der das Basrelief über dem Pool, das moderne Bodenmosaik im Patio und das Hotelwappen entwarf.

UNTEN & GEGENÜBER Markenzeichen des ›Byblos‹ ist die ansprechende Mischung aus Lokalkolorit und Luxusleben. Auch die Bar stellt dementsprechend lokale Töpferkunst in Gestalt von Roger Caprons Hotelwappen zur Schau. Geschmackvoll zusammengewürfelte provençalische Stühle auf der Speiseterrasse am Pool und der hauseigene trockene Wein gehören mit zu der lässig-luxuriösen Atmosphäre.

LA GRANDE DAME

LINKS Das pfirsichfarbene Haus in der kopfsteingepflasterten Nebenstraße eines eleganten Dorfes an der Côte d'Azur fügt sich in die Umgebung ein. Gleich um die Ecke liegen Markt und Hafen.

Sommerfrische

Die italienischen Eigentümer dieses schmucken Dorfhauses in einem der elegantesten und begehrtesten Hafenstädtchen der französischen Riviera suchten das multikulturelle Erlebnis. Im Winter wollten sie die Vorzüge Italiens genießen, im Sommer die Attraktionen der Côte d'Azur auskosten. Nach zwei Sommern im Hotel beschloß das Paar, lieber ein eigenes Haus zu kaufen. Den Ort hatten sie schon gefunden, die Freuden des Dorflebens – Schlendern am Hafen, Müßiggang im Café, Markt- und Restaurantbesuche, alles in bequemer Entfernung – bereits schätzen gelernt; es fehlte nur noch das passende Haus.

Ein Freund fand schließlich, wonach sie monatelang gesucht hatten – ein traditionelles Dorfhaus in einer engen, kopfsteingepflasterten Straße, nur einen kurzen Fußweg vom Hafen entfernt. Es war total verfallen und bestand fast nur noch aus Außenmauern und Dach, es gab nicht einmal eine Treppe – aber es war genau das Richtige für sie. Weil sie seine Möglichkeiten sofort erkannten, kauften sie es auf der Stelle, damit ihnen niemand zuvorkäme. Ein Bauunternehmer wurde beauftragt, Räume in gewünschter Zahl und Größe herzurichten. Nach der Rekordzeit von weniger als einem Jahr war das Haus bezugsfertig.

Während der Bauunternehmer den Ausbau der Innenräume weiter vorantrieb, widmeten sich die Eigentümer der Innenausstattung. »Esprit« und »Joie de Vivre« sollten in ihrem Sommerhaus auch sichtbar zum Ausdruck kommen. Das

RECHTS & GEGENÜBER Als Ruine gekauft und liebevoll restauriert, galt die besondere Aufmerksamkeit der Besitzer den bestehenden architektonischen Details wie dem Türbogen, dem Ochsenauge und den Terrakottadachziegeln.

Gebäude sollte die dörfliche Atmosphäre bewahren und sich sowohl von außen als auch im Inneren als möglichst typisches Exemplar der regionalen Architektur geben. Aus Gründen der Bequemlichkeit wurden viele Einrichtungsgegenstände in Italien gekauft und nach Frankreich verschifft. Für authentisches Lokalkolorit sorgen Fundstücke aus der Umgebung. So entstand eine wundervolle Mélange aus italienischen und französischen Stilen.

Mit Ochsenaugen und rustikalen Fensterläden wurde die Fassade originalgetreu restauriert. Als geeigneter Farbton für den Außenanstrich erwies sich nach etlichen Versuchen ein pudriger Pfirsichton, der typisch für den Ort ist und zugleich das Faible des Paares für den nahen Obst- und Gemüsemarkt symbolisiert, wo Pfirsiche den ganzen Sommer über in reichen Mengen angeboten werden.

Abgesehen von regelmäßigen Streifzügen über die Märkte, bei denen sie sich mit frischem Obst und Gemüse, aromatischem Käse, duftendem Brot und reichlich Kräutern und Blumen versorgen, lassen die beiden die Sommertage in Cafés und Restaurants verstreichen, erkunden benachbarte Dörfer oder geben sich der beliebtesten italienischen Freizeitbeschäftigung, der abendlichen »passeggiata«, dem Spaziergang, hin. Sollten sie ihren höchst angenehmen Tagesablauf einmal durchbrechen wollen, liegt noch ihr schlankes Schnellboot in bequemer Reichweite im Hafen.

LINKS & OBEN In dem gemütlichen Wohnzimmer mit zartgelben Wänden und Terrakottafußboden mischen sich italienische und französische Möbel. Eine Treppe mit Eisengeländer führt von hier aus direkt nach oben. Um den Platz optimal auszunutzen, wurde auf einen abgeschlossenen Eingang mit Treppenhaus verzichtet.

GEGENÜBER & OBEN LINKS Hübsch anzusehen ist die Kombination aus erlesenen französischen Antiquitäten und rustikalen Akzenten, die so chic wie entspannt wirkt. Der antike Tisch und die Stühle in der kleinen Eßecke wurden weiß lackiert, dann abgerieben, bis die Holzmaserung sichtbar wurde, und Details in Gold hervorgehoben – ein eleganter Rahmen für einfache weiße Teller, schlichte Weingläser und klassisches Silberbesteck.

OBEN RECHTS Im Sommer wird der tägliche Besuch des ausgezeichneten Lebensmittelmarktes zum Ereignis. Körbe voller Schnittblumen, Bündel frischer Kräuter, köstliches Brot, Käse und Gebäck finden ihren Weg auf den Frühstückstisch oder zu einem spontanen Mahl am späten Nachmittag.

✱ LINKS Der Architekt Jacques Couëlle schuf eine extravagante Höhlenwohnung im Rivierastil mit Blick aufs Mittelmeer, deren geschmeidige, fließende Formen den passenden Hintergrund für die Sammlung moderner Skulpturen abgeben.

Primitive Formen

Die Felsschwünge, Grotten und Klippen der Rivieraküste kamen den Vorstellungen des Architekten Jacques Couëlle auf natürliche Weise entgegen, denn sie paßten perfekt zu seiner Vision von einer Rückkehr der Menschheit zu ihren Ursprüngen als Höhlenbewohner. In Synergie mit der natürlichen Umgebung sollten seine Gebäude modernen Männern und Frauen das Lebensgefühl der weich gerundeten, plastischen Felshöhlen zurückgeben, die sie einst bewohnten. Das gilt auch für dieses extravagante, skulpturale Wohnhaus in Bai de Cannes von 1973.

Die gegenwärtigen Eigentümer hatten Jacques Couëlles eigenwillige architektonische Ideen und seine Philosophie bei einem Urlaub im Hotel ›Cala di Volpe‹ auf Sardinien kennengelernt. Das nach Couëlles Entwurf erbaute Luxushotel des Aga Khan wächst als lebendige Plastik mit fließenden Formen wie eine organische Felsformation aus der Insel heraus. Begeistert von dem mysteriösen Gebäude, bestellte sich das Paar bei dem Architekten eine vergleichbare Skulptur für die Côte d'Azur.

Damals, auf der Höhe seiner Laufbahn, hatte Couëlle sein originelles Konzept einer organischen Architektur vollständig entwickelt. Auf dem Klippengrundstück der Auftraggeber hoch über dem glamourösen, geschäftigen Cannes setzte er seine Ideen um. Auch dieses Projekt war als »schwebendes Environment« geplant, im Boden verwurzelt und doch abgehoben,

✱ LINKS & GEGENÜBER Besser als jedes Museum eignen sich die organischen Formen von Couëlles Höhlenarchitektur mit ihren dramatischen Licht- und Schattenspielen als Ausstellungsraum für Skulpturen. In der Nische, die einen wunderbaren Seeblick rahmt, steht eine primitive Figurine, unter den Kolonnaden reihen sich Vasen nach Vorbildern antiker Amphoren aus lokalen Töpfereien.

elegant und doch so in die Landschaft eingebunden, daß es fast unsichtbar wäre.

Wie alle anderen Künstler war auch er fasziniert von dem changierenden Licht der Côte d'Azur und den wechselnden Eindrücken und Stimmungen, die es im Verlauf eines Tages in den Innenräumen erzeugt. Auch das Zusammenspiel von natürlichem und künstlichem Licht und die Auswirkung der verschiedenen Lichtquellen auf das Raumempfinden der Eigentümer, auf Mobiliar und Kunstobjekte wurden sorgfältig durchdacht. Das Haus ist so ausgerichtet, daß es das im Tagesverlauf unterschiedlich intensive Licht geschickt einfängt und filtert, den freigeformten Stuck und die fließenden Bögen der Innenräume ausleuchtet und die Aufmerksamkeit zugleich auf den atemberaubenden Seeblick lenkt, den Tür- und Fensteröffnungen freigeben.

Angesteckt von der Vision des Architekten, begannen die Eigentümer, als passende Ergänzung zu der Architektur ihres neuen Heims Kunst und Objekte des lokalen Kunsthandwerks zu sammeln. Nun schmücken das Haus die verschiedensten Werke, angefangen bei Gemälden von Yves Kline über Schalen von Jean Maret, einem guten Freund und Zeitgenossen Picassos, bis hin zu den klassischen wie zeitgenössischen, etruskisch inspirierten Vasen von Tomek. Das Gebäude wirkt heute noch genauso avantgardistisch wie 1973, und zugleich verschmilzt seine organisch-skulpturale Architektur so mit der Umgebung, als sei es im Laufe der Jahrhunderte langsam aus dem Boden gewachsen – ganz wie Couëlle es beabsichtigte.

✱ LINKS & UNTEN Die ursprünglichen, fast zeitlosen Architekturformen ermöglichen eine konfliktfreie Integration von Objekten und Möbeln aus verschiedenen Epochen. Die alte Standuhr scheint sich in dem großen Wohnzimmer genauso zu Hause zu fühlen wie der goldene Cherub, der an der Decke schwebt.

✷ LINKS & UNTEN Diese Ecke im Hauptwohnzimmer ist der regionalen Kunst, Kultur und Natur gewidmet. Die Wandnischen hinter der geschwungenen, lederbezogenen Bank sind mit allerlei Schätzen gefüllt: Neben Muscheln, Schwämmen und alten Schlüsseln sieht man leuchtendes Farbglas und neorealistische Kunstobjekte. Couëlle, der dem Neorealismus der 20er und 30er Jahre stark verbunden war und Yves Kline zu seinen Freunden zählte, regte die Eigentümer zum Sammeln an.

✱ LINKS Couëlles Architektur wirkt wie ein Lavastrom, der beim Abkühlen zu massiven Formen ausgehärtet ist. Die fließenden, plastischen Formen seiner Gebäude sollen den modernen Menschen wieder in Kontakt mit seinem natürlichen Ursprung als Höhlenbewohner bringen.

✱ LINKS & OBEN Die Anordnung der Nischen scheint zwar willkürlich, ist jedoch sowohl in funktionaler wie ästhetischer Hinsicht wohl durchdacht. Da sie genug Raum für alles Nützliche und Dekorative bieten, werden keine zusätzlichen Schränke und Kammern benötigt. Der Kaminbereich ist zum Beispiel so in die Bausubstanz eingearbeitet, daß Feuerstelle und Holzvorrat darin problemlos Platz finden.

✷ OBEN & GEGENÜBER Die von der regionalen Pflanzenwelt inspirierten filigranen, fließenden Formen der Metallarbeiten bilden einen schönen Kontrast zu den robusten Formen der massiven Gebäudemasse. Die phantasievollen, organischen Formen der Tore und Treppengeländer in den Innen- und Außenbereichen, die lokale Künstler aus Eisen, Bronze und Kupfer schmiedeten, verweisen deutlich auf Couëlles Lehrjahre bei Gaudí.

✷ RECHTS & OBEN Das Gebäude oben auf der Klippe sollte im Erscheinungsbild an die natürlichen Grotten der Rivieraküste anknüpfen und genauso aus der Landschaft herauswachsen, wie die Grotten aus dem Meer zu wachsen scheinen.

WORKS OF ART
HOVGHTON
CHRISTIE'S

GEGENÜBER Das Schlafzimmer betont den klaren, zeitlos schlichten Stil des ganzen Hauses. Tagesdecken aus weißem Piqué, die maßvollen Kurven des schmiedeeisernen Stuhls und die Geometrie der Biedermeierkommode harmonieren perfekt.

Weiße Magie

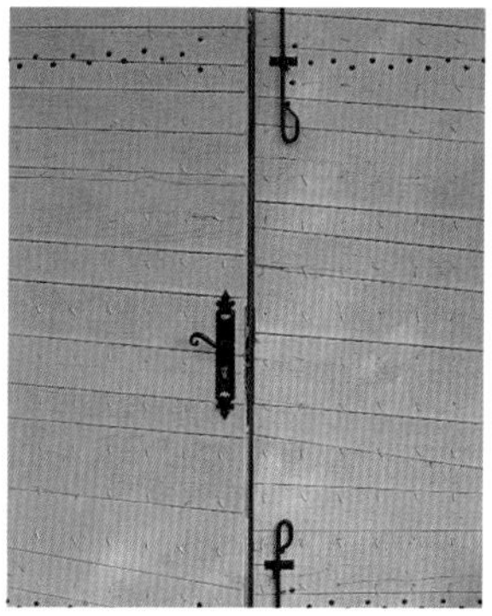

Ein Set weißer Vallauris-Schalen mit Craquelé-Glasur aus den 30er Jahren, erworben bei einem englischen Landhausverkauf vor etwa zwanzig Jahren, wurde erstaunlicherweise der Auslöser dafür, daß zwei Briten in die bewaldeten Berge hinter Saint-Tropez umsiedelten. Die Vallauris-Schalen, so benannt nach der berühmten Töpferstadt nahe Antibes, hatten Lady Portarlington gehört. Die stilbewußte Dame hatte ihre Häuser an der Côte d'Azur mit sehr viel Geschmack selbst eingerichtet. Schlichtheit hieß ihre Devise – unverstellte, aber wohnliche Räume, Vorhänge und Bezüge aus einfachen lokalen Stoffen und eine Kombination aus alt und neu. Verstaut in einem Schrank, waren die Schalen selbst bald vergessen, aber ihr Kauf verriet den Besitzern den Beginn ihrer Sehnsucht nach einem ähnlich stilvollen eigenen Haus in Südfrankreich.

Viele Jahre später boten Freunde ihnen leihweise ihr Haus in einem Dorf nahe Saint-Tropez inmitten eines Flickenteppichs aus Weingärten, Lavendelfeldern, Eichen- und Walnußwäldern an. Nach drei Sommern in dem idyllischen Refugium stand das Haus zum Verkauf. Es schien unsinnig, es zu erwerben, aber angesichts ihrer tiefen Verbundenheit mit dem Ort noch unsinniger, es nicht zu tun. In letzter Minute wurden die Verträge unterschrieben, und seither haben die Eigentümer den Kauf nicht bereut. Das Anwesen umfaßt ein Haupthaus und zwei Gästehäuschen, alle aus dem lokalen Bormeser Stein gebaut. Von der Dorfstraße

LINKS An allen Ecken öffnet sich das Haus für die Außenwelt. Französische Türen und Fenster gehen auf den duftenden Garten und die Terrasse am Pool mit Blick auf das Meer am Horizont. Überall liegen Panamahüte für Ausflüge ins Freie bereit.

GEGENÜBER Der provençalische Kirschholztisch dient im Sommer als Anrichte und im Winter als Eßtisch. Eine Vallauris-Schale bildet einen Blickfang.

aus sieht man nur eine lange Steinmauer und eine unauffällige hölzerne Flügeltür. In das Giebelfeld darüber ist der Name des Hauses gemeißelt: ›L'Olivaie‹, das altfranzösische Wort für Olivenhain. Erst beim Öffnen der Tür geben Haus und Garten ihr Geheimnis preis. Von der Terrasse aus, unter einer von Blauregen und Nachtschatten umrankten Pergola, gleitet der Blick hinab auf einen kleinen Ziergarten mit Steinbecken und Buchsbaumhecken und dann weiter zu einem noch tiefer liegenden, weniger formstrengen Areal, dessen silbergraue Oliven mit gemischter Unterpflanzung aus Thymian, Geranien und Zistrosen den Garten rahmen. Beschnittener Buchsbaum und Klebsamen setzen formale Akzente, während das Weiß von Rosen und Oleander, das Blau von Bleiwurz und Agapanthus und das Grau von Gamander und Strohblumen das Farbspektrum bestimmen.

Viele Anregungen für die Innenausstattung stammen von ihrem engen Freund und Berater in Geschmacksfragen, Walter Lees. Die Schlichtheit wird belebt durch die Zusammenstellung der Einzelobjekte. Im Salon, der die Atmosphäre des gesamten Hauses prägt, sieht man ein bequemes Sofa und einen Sessel mit Bezügen aus weißem Piqué, weiße Baumwollvorhänge vom örtlichen Markt und weiße geometrische Teppiche aus der bekannten Fabrik in Cogolin, wie sie der Londoner Innenarchitekt David Hicks so gern verwendet. Die zeitgenössischen Bilder an den Wänden passen gut zu den schönen französischen Landhausmöbeln aus dem 18. Jahrhundert. Auf einem langen provençalischen Tisch betont in den Blick gerückt, stehen die weißen Vallauris-Schalen, die in diesem zauberhaften Haus ebenso zur Ruhe gekommen sind wie die Eigentümer.

OBEN & GEGENÜBER Überall im Haus beleben ausgewählte Stoffe und lackiertes Holz in den charakteristischen Farben Südfrankreichs – Lavendel, Hellgrün und Taubengrau – das reine Weiß der Wände und Möbel. Dem Treppenhaus des Haupthauses verleihen eine farbenfrohe alte Tagesdecke und Drucke von Piranesi Ausdruck, während eines der Gästezimmer schlicht, aber bequem mit frischer weißer Leinenbettwäsche aufwartet.

FLEUR DE MER
FLEUR DE MER
BADOIT
Lou Moulin
VIN DE PAYS DES MAURES
COTES DE PROVENCE
LIEBHERR

LINKS & OBEN In der hübschen Küche, deren tiefblaue Kacheln an das Meer erinnern, dominiert der regionale Stil. Die Eigentümer laden gern ein, und so herrscht im Sommer, wenn das Haus voller Gäste ist, ständiger Betrieb in dem kleinen Raum. Die Einrichtung ist zwar funktional, aber selbst am Abwaschbecken setzen Flechtkörbe, lokales Steingut und Trockenständer aus Draht charmante Akzente.

L'Olivaie

GEGENÜBER & UNTEN Im Sommer wird nach dem Apéritif – Orangenwein aus den um die Terrasse wachsenden Orangen – unter der Pergola serviert. Der Tisch ist mit Gläsern aus Biot, Geschirr aus Vallauris und Servietten, bestickt mit dem Monogramm des Hauses ›L'Olivaie‹, gedeckt. Oft gibt es regionaltypische Gerichte wie Gemüsesuppe, Zucchinigratin oder Tomaten auf provençalische Art.

☿ GEGENÜBER Diese klassische griechische Skulptur im Garten der Villa ›Kérylos‹ ist eine von vielen in Haus und Garten, die von der Passion des ursprünglichen Besitzers Théodore Reinach für Archäologie und alte Kulturen zeugen.

Antike Einflüsse

Im ausgehenden 19. Jahrhundert war es bei den Superreichen en vogue, Traumhäuser zu bauen, die von tatsächlichen oder phantastischen historischen Monumenten und exotischen Orten inspiriert waren. Die meisten dieser Märchenschlösser entsprangen gänzlich der Einbildungskraft, aber die Villa ›Kérylos‹, eine »griechische Villa« in Beaulieu-sur-Mer, bildet eine einzigartige Ausnahme. Nach umfassenden Recherchen des Eigentümers, dem Archäologen Théodore Reinach, erbaut, zollt die Villa dem Stil des hellenistischen Griechenland formvollendet Tribut.

Reinach war nicht nur ein Verehrer der Architektur, Interieurs, Möbel und Kunstobjekte der alten Zivilisationen, deren Studium sein Lebensinhalt war, sondern er fühlte sich auch den ästhetischen und philosophischen Grundlagen der Antike zutiefst verbunden. Angeregt von den zum Meer und zum Himmel geöffneten griechischen Tempeln, wählte er das Grundstück auf der Steilklippe, wo das azurblaue Meer den ganzen Tag über das changierende Licht der Rivierasonne reflektiert.

Reinach engagierte den gleichgesinnten Architekten Emmanuel Pontremoli, einen gebürtigen Nizzaer, um seinen Traum zu verwirklichen. Uneingeschränkte Aussicht nach allen Seiten und dramatische natürliche Lichteffekte in den Innenräumen, die römisch-antike, pompejanische und altägyptische Einflüsse integrierten, waren Ziel des Entwurfs, der sich an der Peristyl-Architektur der Stadt Delos orientierte. Die 1902 begonnenen Bauarbeiten waren nach sechs Jahren abgeschlossen.

☿ LINKS & GEGENÜBER In der Villa ›Kérylos‹ sind Mosaiken, überwiegend mit Szenen aus der griechischen Mythologie, ein integraler Bestandteil der Innenarchitektur. Meeresmotive wie Muscheln, Seesterne und Wellen spielen nicht nur auf die Antike, sondern auch auf die Uferlage des Grundstücks an.

Der Möbeltischler Bettenfeld fertigte das Mobiliar – Throne, Stühle, Hocker und »klismos«, griechische Stühle mit geschwungenen Beinen und Rückenlehnen – nach Spezialzeichnungen antiker Stücke an. Sie alle wurden geschickt als Blickfang plaziert. Ganz im Stil der Antike gab es sogar Ruhelager zur Entspannung während der Mahlzeiten. Als Wohnhaus sollte die Villa auch über modernsten Komfort und Baderäume mit perfekter Installation verfügen. Selbst diese bleiben jedoch der Antike verpflichtet – mit Warmwasserheizung im Fußboden wie in den Villen des pompejanischen Adels.

Die Innenarchitekten Adrien Karbowsky und Gustave Louis Jaulmes entwarfen Wandmalereien und Mosaiken nach Vorbildern öffentlicher Gebäude der griechischen Antike und pompejanischer Patrizierhäuser. Die exquisiten Stuckarbeiten schuf ein Gewinner des Grand Prix de Sculpture, Paul Jean-Baptiste Gascq. Reinach errichtete nicht nur der Vergangenheit ein Denkmal, sondern förderte zugleich das Kunsthandwerk seiner eigenen Zeit.

Und er dachte weit voraus. Er vermachte seine Villa dem Institut de France, um sicherzustellen, daß der von ihm so geschätzte Geist der Antike zur Freude der Öffentlichkeit und als Quelle der Inspiration für folgende Generationen unversehrt gewahrt bliebe.

☿ GEGENÜBER & OBEN Die Originalität der Villa ›Kérylos‹, die dem Geist der Antike ein würdiges Denkmal setzt, fand viele Bewunderer, darunter den Nachbarn Gustave Eiffel, den Gründer des *New York Herald*, Gordon Bennet, Baron Maurice Ephrussi de Rothschild und König Georg von Griechenland. Die Mosaiken sollen noch prächtiger sein als jene der feinsten Athener Häuser des 5. Jahrhunderts.

☿ GEGENÜBER & UNTEN In den Skulpturen und Mosaiken der Villa lebt die Ästhetik der Antike auf. Für jedes Zimmer wurden Möbel nach griechischen, römischen und ägyptischen Vorbildern angefertigt, die man auf Ausgrabungen oder in den Illustrationen historischer Texte gefunden hatte. Die exquisiten Stuckreliefs stammen von dem Bildhauer Paul Jean-Baptiste Gascq.

☿ LINKS & UNTEN Théodore Reinachs Verehrung der Antike erstreckte sich über Entwurf und Ausstattung seiner Villa hinaus auch auf seinen Lebensstil. In eine Toga gehüllt, erschien er morgens in seiner großen, mit Nachbildungen griechischer Stühle, Liegen und Schränke möblierten Bibliothek, wo er las, studierte und schrieb. Er speiste von etruskischem Geschirr und schlief in einem schlichten Bett gräko-römischen Stils.

☿ LINKS & OBEN Der Innenhof der Villa ist nach griechischem Vorbild als Peristyl gestaltet – ein zum Himmel geöffneter, kolonnadengesäumter Hof, der zu allen Tages- und Jahreszeiten natürliches Licht in die Wohnräume einläßt und in den Säulengängen zugleich kühlenden Schatten bietet. Dem Ideal der Antike entsprechend harmonisch und symmetrisch proportioniert, wahrt die Hofarchitektur ein menschliches Maß, in dem man sich wohl fühlen kann.

☿ LINKS & UNTEN Das Grundstück, ein steil zum Meer abfallender Felsvorsprung, nötigte den Architekten an Stelle eines quadratischen zu einem L-förmigen Grundriß. Balkons, Terrassen und Lauben verteilen sich auf verschiedene Ebenen, um Meeresblick und Sonnenlicht optimal zu nutzen.

Italienischer Chic

› Portofino & die italienische Riviera ‹

GEGENÜBER Eine braungebrannte, strahlende Audrey Hepburn mit Ehemann Mel Ferrer 1957 im Urlaub an der italienischen Riviera. Hochglanzmagazine warben mit solchen Fotos weltweit für die erdverbundene, aber dennoch elegante Lebensart der Riviera.

Italienischer Chic

In den 50er und 60er Jahren, als die Côte d'Azur ihren charakteristischen glamourösen Stil entfaltete, wurde auch der Zauber der angrenzenden italienischen Küste wiederentdeckt, die sich bald erneut zum Tummelplatz des Adels und der einheimischen Filmwelt entwickelte. Einst zog es englische und russische Adelige im Winter zur Kur in das milde Klima der ligurischen Ostküste. Schriftsteller und Künstler wie Lord Byron, Percy Bysshe Shelley, F. Scott Fitzgerald, D. H. Lawrence, Marcel Proust, Henry James und Claude Monet ließen sich von der Landschaft inspirieren.

In den »Swinging Sixties« fand die italienische Riviera, die sich von Portofino nach Süden bis zur Küste Roms erstreckt, neue Verehrer unter den Italienern und beim internationalen Jet-Set. Nach den bitteren Jahren des Zweiten Weltkriegs breitete sich eine neue Lebenslust unter den wohlhabenden Italienern aus, die sich die einfachen, sinnlichen Freuden des Küstenlebens leisten konnten. Diese neuen Eskapisten suchten ihr Vergnügen jedoch nicht in den Ballsälen und Nobelvillen von Venedig und Florenz wie in früheren Zeiten, sondern pilgerten statt dessen zu den stillen Fischerdörfern mit ihrem einzigartigen Ambiente unverdorbener Schlichtheit. Drei Küstenorte standen in besonderer Gunst: Portofino, Forte dei Marmi und Porto Ercole.

Diese drei Juwelen der Küste wurden zu bevorzugten Urlaubszielen des Adels, neureicher Unternehmer und der florierenden Filmbranche des nur wenige Autostunden entfernten Roms. Der Lebensstil, den sie hier entfalteten, sollte zum Symbol Italiens in seiner Glanzzeit werden. Es war das Italien der leidenschaftlichen, braungebrannten Schönheiten wie Gina Lollobrigida

GEGENÜBER & RECHTS Kaum hatte der europäische Adel die Schönheit der versteckten Badeorte Portofino, Forte dei Marmi und Porto Ercole für sich entdeckt, kamen auch Filmstars und Millionäre, um hier ungestört Urlaub zu machen. Elizabeth Taylor und Eddie Fisher bummeln am Hafen von Portofino. Aristoteles Onassis an Bord der ›Christina‹.

und der sonnengebräunten Playboys im Schnellboot, charakterisiert durch jene Lässigkeit, Sorglosigkeit, ja Dekadenz, die Fellini in *Das süße Leben* so treffend aufs Korn nimmt. Das neue Lebensgefühl war in allen drei Orten spürbar, aber jeweils mit ganz eigener Färbung.

Die dramatische Kulisse des in einer Bucht versteckten, von nackten Felsen umrahmten Portofino und seine hübsche Architektur waren es, die erholungsbedürftige Italiener in den 50er und 60er Jahren anfänglich herbeilockten. In dem Hafenstädtchen genoß man das einfache, bodenständige Leben in einer kleinen heilen Welt mit Strandcafés, Bars und Segelbooten am Hafen. Außerdem bot Portofino ein reiches Kulturerbe und einen Hauch von Eleganz, der besonders europäischen Adelsfamilien wie den Rainiers und den Windsors zusagte. Wie in vielen Badeorten an der Riviera wurde auch hier ein bestimmtes Hotel zum Dreh- und Angelpunkt des gesellschaftlichen Lebens erkoren, zum »einzigen« Ort, an dem man sich sehen lassen konnte und gesehen wurde: Das ›Splendido‹ mit seiner lokalen Architektur, großzügigen Terrassen und üppigen exotischen Gärten hoch auf einer Klippe über dem Ort mit weitem Blick auf das Meer wurde zum Lieblingsziel der Reichen und Berühmten. Der Herzog von Windsor und Wallis Simpson zählten zu den ersten prominenten Gästen der Nachkriegszeit, gefolgt von vielen Filmstars, die den Ruf des Hotels festigten und Portofino als das Saint-Tropez der italienischen Riviera etablierten.

LINKS & GEGENÜBER Die Presse blieb den Aristokraten und Prominenten in den exklusiven Bädern an der Küste zwischen Genua und Rom immer auf den Fersen. Kaiserin Soraya, die Gemahlin des Schahs von Persien – auf der Straße in Portofino – und Sophia Loren – unter einem der typischen blau-weiß gestreiften Sonnenschirme – waren stets begehrte Motive.

Das weiter südlich gelegene Forte dei Marmi wurde zum bevorzugten Urlaubsort des toskanischen Adels, der Oberschicht Roms und seiner Filmstars, die es zu einem Treffpunkt der »Swinging Sixties« machten. Hier traf man sich zum langen Sommerurlaub, den man von morgens bis spät abends am Strand verbrachte. Alles spielte sich in privaten Strandklubs oder »Bagni« ab, zu denen jeweils ein separater Strandabschnitt mit Umkleidekabinen, Liegestühlen und gestreiften Sonnenschirmen, sowie eigene Bars und Klubräume gehörten, wo sich das hedonistische Treiben bis weit in die Nacht ausdehnen ließ. In jeder Saison war ein anderer Klub Favorit, aber egal, ob es gerade das ›America‹, das ›Bagno Rosina‹ oder das ›Bagno Piero‹ war, zu später Stunde traf man sich im ›La Capannina‹. Der Schauspieler Marcello Mastroianni und Regisseur Vittorio Gassman wählten den Ort als Sommerresidenz und besiegelten damit seinen Ruf: Forte dei Marmi war »hip« und »angesagt«.

Im Kontrast zu Forte dei Marmi mit seinen flachen Sandstränden und seinem eleganten Nachtleben wirkte Porto Ercole zurückgezogen und intim. Das Küstenstädtchen auf der Halbinsel Argentario, einem zerklüfteten Vorgebirge, wurde in den 60er Jahren zum Zentrum der römischen Filmwelt. Hier begannen Romanzen, und beim Dinner wurden Filmprojekte verhandelt. Porto Ercole in seiner dramatischen Umgebung setzte nicht auf extravaganten Luxus, sondern auf einen dezenten, geschmackvollen Stil. Dafür steht das 1965 eröffnete Hotel ›Pellicano‹, das Porto Ercoles Ruf als elegantestes Sommerbad behauptet.

E
N
S
O

♀ GEGENÜBER & RECHTS Die Wandbilder im Eßzimmer dieses Hauses an der italienischen Riviera bringen die Außenwelt ins Innere hinein. So bleiben das Meer und die charakteristischen Fischerboote der Region stets gegenwärtig.

Küstenoase

An der Küste von Versiglia, in einem stillen Dorf vor Touristenblicken verborgen, verbindet die prachtvolle Strandvilla einer örtlichen Adelsfamilie die Liebe zum Meer mit einer Vorliebe für den Stil der römischen Antike. Dazu wurde das Originalgebäude auf dem Grundstück radikal umgebaut. Viele Innenwände mußten weichen, um große, offene Wohnräume mit optimaler Ausrichtung auf den großartigen Küstenblick zu schaffen.

Der typische Sommertag beginnt mit einem Morgen am nahen Sandstrand, gefolgt von einem ausgedehnten Mittagessen im Haus, an das eine Siesta anschließt. Die heißen Nachmittagsstunden vertreibt man sich in einem Garten, den die Eigentümer ihre »kleine Oase« nennen. Ihre Vorliebe für das Leben im Freien berücksichtigend, wurden Innen und Außen geschickt miteinander verbunden, um sowohl dem Bedürfnis nach geschlossenen Räumen mit einem Dach und Wänden als auch der Begeisterung für die idyllische Umgebung, Sonne, Meer und Garten zu entsprechen.

Im Eßzimmer mit seinen lebhaften Fresken, auf denen Szenen im Freien zu sehen sind, wird diese Idee besonders anschaulich: Der Eindruck eines Zimmers ohne Wände sollte entstehen, Landschaften und Seestücke die Illusion erzeugen, man befinde sich in der freien Natur. Zwei Wände sind mit Landschaften im suggestiven Stil des 17. Jahrhunderts bemalt: einem Bergpanorama und einem Meeresblick.

♀ GEGENÜBER, LINKS & UNTEN Die meisten Zimmer öffnen sich auf die rund um das Haus laufenden Terrasse. Ihre unverblendeten Balken, rustikalen Pfeiler und schlichten Korbstühle erzeugen eine entspannte Atmosphäre, die einen gelungenen Kontrast zu dem strengeren, römisch inspirierten Stil der großartigen Innenräume setzt. Elegante Details wie die Lamellentüren mit filigranen Messinggriffen vermitteln zwischen beiden.

♀ GEGENÜBER & RECHTS In der großen Eingangshalle und den zentralen Wohnbereichen dominiert der römische Stil mit eleganten Bögen, polierten Terrakottafußböden, Pepperino-Säulen und Standbildern. Im Garten erinnert duftender Lorbeer an die Traditionen des Römischen Reiches.

GEGENÜBER & UNTEN RECHTS Zwischen den zerklüfteten Klippen in der wilden Landschaft von Porto Ercole wirkt das ›Il Pellicano‹ wie abgeschieden. Der gepflegte Privatstrand mit Liegestühlen und Sonnenschirmen ist nur per Boot oder über eine steile, gewundene Treppe erreichbar.

Lustprinzip

In der Jubiläumsausgabe zum 30. Erscheinungsjahr spekulierte *L'Uomo Vogue* über das Geheimnis eines legendären Hotels, das genau wie die Zeitschrift 1965 begründet wurde: »Ich frage mich, was das ›Il Pellicano‹ heute wäre, stünde da nicht eine Liebesgeschichte am Anfang! Ich frage mich, ob sich die Prominenz aus aller Welt auch sonst mit Vorliebe dort verstecken würde ...«

Das Hotel verdankt seine Entstehung tatsächlich einer großen Romanze – zwischen dem Engländer Michael Graham und der Kalifornierin Patsy Daszel – und die Geschichte ihrer Liebe ging ein in die Legende des ›Il Pellicano‹. Sie lernten sich kennen, nachdem der bekannte britische Abenteurer und Flieger Michael Graham bei einem Absturz im afrikanischen Busch knapp dem Tod entronnen war. Kurz darauf für Volkswagen in den USA tätig, besuchte er zufällig eine Cocktailparty, zu der Cole Porter die zögernde Patsy Daszel überredet hatte. Sie hatte über Michael in der Zeitung gelesen und wollte ihn kennenlernen. Das zufällige Treffen war Liebe auf den ersten Blick und führte schließlich zur Heirat.

Sie bereisten Europa auf der Suche nach einem geeigneten Haus, um sich dort niederzulassen und ein kleines, ruhiges Hotel zu betreiben. All ihre Liebe und Leidenschaft sollte darin Gestalt annehmen. Schließlich stießen sie auf einen noch unerschlossenen Streifen des Monte Argentario, ein zerklüftetes Vorgebirge, das vor der toskanischen Küste ins Mittelmeer hinaus-

RECHTS & GEGENÜBER Die Lage des ›Il Pellicano‹ – inmitten von Pinien hoch über dem tiefblauen Mittelmeer auf zerklüfteten Klippen – fand seit der römischen Antike ihre Bewunderer. Nahe Ruinen römischer Luxusvillen bezeugen den unvergänglichen Reiz des Monte Argentario.

ragt. Sie waren sofort begeistert und fühlten sich der beeindruckenden Felslandschaft spontan verbunden. Sie kauften ein Grundstück, das sie an das kalifornische Pelican Point erinnerte – dort hatte es zuerst zwischen ihnen gefunkt –, und als sie das Hotel 1965 eröffneten, nannten sie es ›Il Pellicano‹.

In ihrem Hotel sollte es eher zugehen wie in einem Countryclub, so, als wären die Gäste bei Freunden zu Besuch. Sie bauten ein Haupthaus und mehrere Häuschen ringsum, die alle verschieden eingerichtet wurden. In einer Umgebung, die Intimität mit klassischem Chic verband, sollten sich die Gäste ungezwungen und ganz entspannt fühlen können. Die lässig elegante Atmosphäre und der natürliche Charme des Paares übten eine unwiderstehliche Anziehungskraft auf stilbewußte Reisende aus, die sich nach Ruhe sehnten. In der zweiten Hälfte der 60er Jahre und darüber hinaus wurde es *das* Hotel, in dem das elegante Rom den Sommer zubrachte. Die berüchtigte Chronistin der großen Welt, *Women's Wear Daily*, lobte überschwenglich: »… wenn Sie keine eigene Villa haben und trotzdem ›in‹ sein wollen, ist der einzig mögliche Aufenthaltsort das ›Il Pellicano‹.« Luxuriös und doch schlicht, in überwältigender Umgebung, geführt von charismatischen Eigentümern und dazu nahe bei Rom, behauptete sich das ›Il Pellicano‹ als Dauereintrag im Adreßbuch der Reichen und Eingeweihten.

LINKS Gästen, die sich nicht zum Privatstrand hinabwagen, steht ein klarer, stiller Salzwasserpool mit Blick aufs Meer zur Verfügung. Aus der Einfassung aus lokalem Gestein scheint das Poolwasser direkt ins Meer zu fließen.

OBEN & RECHTS Rustikale Balken und geweißte Wände verbinden sich mit weichen Sofas, eleganten Möbeln und schnörkelig verzierten schmiedeeisernen Tischen, Spiegeln und Kopfteilen zu einem schlichten, doch luxuriösen Chic. Den Hauptaufenthaltsraum dominiert ein zentraler, skulpturaler Kamin, der im Winter zum Mittelpunkt des gesellschaftlichen Lebens wird. Durch riesige Bogenfenster flutet die helle Mittelmeersonne in sämtliche Innenräume.

LINKS & UNTEN RECHTS Jahrhundertealtes Gestein und eine atemberaubende Aussicht auf die zerklüftete Küste von Porto Ercole verbinden sich mit den phantasievollen Interieurs dieses ungewöhnlichen Wohnhauses zu einer zauberhaften Kulisse.

Himmlische Sphäre

Eine rein skulpturale Architektur scheint durchaus passend für das Haus einer Schmuckdesignerin. Elsa Perettis Villa in Porto Ercole ist ein alter Wehrturm, der schon an sich eine monumentale Steinskulptur darstellt. Das von dem bekannten Mailänder Architekten Renzo Mongiardino entworfene Gebäude wirkt wie eine Ruine, bietet jedoch sicheren Schutz vor allen Unbilden der Witterung, denen man in einer solchen Behausung tatsächlich ausgesetzt wäre.

Mit Mongiardinos Worten: »Eine Begeisterung für Ruinen inspirierte zu der Innenarchitektur mit Stilelementen aus dem 16. bis zum ausgehenden 19. Jahrhundert. Es war eine große Liebe zur eigenen Vergangenheit, doch auch zur Gegenwart, insofern die Ruinen uns heute als greifbare Überreste der Geschichte in unseren Landschaften begegnen.«

Dieses romantische Verständnis von Ruinen, das Mongiardinos individuellem Architekturstil zugrunde liegt, artikuliert sich nirgends deutlicher als an Elsa Perettis Haus. Mongiardinos Ausgangspunkt waren die Ruinen von Clerisseau, die ihn tief beeindruckt hatten. Er wollte ein Szenario der Zerstörung schaffen, »... einen Ort, der rein der Phantasie entsprang.« Ganz wie bei einem tatsächlich verfallenen Gebäude variiert das Ausmaß der Zerstörung von Raum zu Raum. Im zentralen Wohnbereich scheint die Decke nur an einer Ecke eingebrochen und den Blick in den Himmel freizugeben, während die Spuren des Verfalls in dem intimen Wohnzimmer im Erdgeschoß stärker ausgeprägt sind. Mongiardinos Wand- und Deckengemälde beschwören

LINKS & GEGENÜBER Der monumentale mittelalterliche Steinturm kontrastiert stark mit der reichen Vegetation. Der Garten ist mit winterharten, üppig blühenden Stauden bepflanzt. Auf der Terrasse harmonieren schlichte Holzmöbel perfekt mit der rauhen Umgebung.

hier nicht nur den Zustand des Verfalls herauf, sondern dienen zugleich der optischen Vergrößerung eines ansonsten erstickend engen Raumes: Motive bröckelnder Mauern und rankenden Weins verschränken Innen- und Außenraum zu einer Illusion von Offenheit und Weite.

Auch die Balkendecke bestärkt den Eindruck des Verfalls mit himmlischen Aussichten durch ein halb eingestürztes Dach, dessen Überreste von Weinranken erobert werden. Dieses Szenario aus einer anderen Welt dominiert ein großer Kamin mit Stuckmotiven, die den Ungeheuern von Bomarzo nachempfunden sind. Im Kontrast zu dem üppigen, flächigen Wand- und Deckendekor springt der massive dreidimensionale Kamin dynamisch aus der Wand hervor und bringt Bewegung in die reglose Ruinenwelt.

In Mongiardinos beeindruckender pseudo-historischer Architektur entfalten die schlichten Möbel eine zeitgenössische, bodenständige Atmosphäre. Dem Heim einer Schmuckdesignerin unserer Zeit durchaus angemessen, zeigt das Mobiliar bis in die Farbigkeit hinein skulpturale Qualität – als habe man geschmolzenes Silber ausgegossen und dann erkalten lassen. Geschichte und gestaltete Form verbinden sich im ganzen Haus zu einem romantischen, geheimnisvollen, luxuriösen und magischen Ambiente.

GEGENÜBER Der Innenarchitekt Mongiardino ist nicht nur ein leidenschaftlicher Liebhaber romantischer Ruinen, sondern auch ein Meister der Spezialeffekte. Mit Deckenöffnungen in Trompe-l'œil-Manier, die scheinbar in den Himmel blicken lassen, beschwört er den Geist dieser ehemaligen Ruine.

RECHTS Das kleine Fenster des hübschen Gästezimmers oben im Turm bietet eine spektakuläre Aussicht auf das Meer. Hölzerne Betten, der alte Waschtisch und die zarte Blumentapete erwecken eine vergangene Welt zum Leben. Zart und feminin kontrastiert der Raum das rauhe Äußere des Turms und die wilde Landschaft ringsum.

OBEN Auf einem Absatz des engen Treppenhauses steht eine folkloristische Skulptur auf einem antiken Kapitell. Die Kombination läßt deutlich das Formgefühl der Schmuckdesignerin Elsa Peretti erkennen und entspricht zugleich dem Einrichtungsstil, der erdverbundene und kunstsinnige Dekorelemente einbindet.

LINKS Die originelle Kamin-Skulptur, die ebenso an das antike Rom wie an die Renaissance erinnert, dominiert ein Wohnzimmer im Erdgeschoß. Effektvolle Wandmalereien – Säulen, bauliche Details und selbst eine Holztür im offensichtlichen Stadium des Verfalls – inszenieren ein durch und durch theatralisches Ambiente.

The Town House

GEGENÜBER & UNTEN RECHTS Den Eigentümern dieser Villa in Portofino gilt frisches Weiß und traditioneller englischer Chintz als Gipfel der Eleganz. Alles, auch die altmodischen Schiffsmodelle und das Steingut, wurde sorgfältig ausgesucht und arrangiert und wirkt doch insgesamt angenehm entspannt.

Klassischer Chic

Die gebürtige Genueserin Pupi Fattori blieb ihrer Heimatregion mit den farbenfrohen Fassaden und der wunderschönen Aussicht auf das saphirblaue Meer immer stark verbunden. Trotzdem steht ihr Name für Mailand, wo sie den Rang einer Modekönigin einnimmt. Sie sieht sich selbst gern als Vertreterin der »klassischen Eleganz« für Herren-, Damen- und Kinderbekleidung, und ihre Vorstellung von der perfekten Inneneinrichtung ist ihrem Modeideal recht ähnlich – ein umfassendes, geschmackvolles Gesamtdesign. Mit Adleraugen wählt sie einzelne, nicht unbedingt passende Elemente aus und arrangiert sie dann zu einem stimmigen Gesamtbild.

Die Entscheidung für Portofino als Ruhepol und auch die Wahl des Haus und die Innenausstattung spiegeln deutlich ihren persönlichen Stil. Als sie das Haus 1984 entdeckte, begeisterten sie der Charme einer Ruine, die dringend nach einfühlsamer, liebevoller Pflege verlangte und die atemberaubende Aussicht von der erhabenen Hanglage des Grundstücks. Sie erwarb das Anwesen zusammen mit ihrem damaligen Ehemann, dem Architekten Giorgio Host-Ivessich, der sich umgehend dem Neuentwurf und Umbau der Innenräume widmete. Pupi Fattori kümmerte sich indessen um die Einrichtung, die »feminin und ländlich«, aber auch ebenso »gepflegt« wie ihre Kunden, alles enthalten sollte, was sie schätzt.
Besonders die geweißten Wände in allen Zimmern lassen die Räume luftig und offen wirken. Für Pupi Fattori charakterisiert Weiß

LINKS Hauchzarte weiße Vorhänge bauschen sich auf schmiedeeisernen Stangen in der kühlen Brise, die vom Hafen herüberweht. Das luftige Wohnzimmer beweist eine Vorliebe für das einfache Dorfleben an der Riviera und den eklektizistischen englischen Landhausstil. Überall stehen frische Blumen aus dem Garten.

das Wesen von Portofino und bedeutet für sie zugleich die Essenz des Landhausstils – ein entspannender Farbton, der sie an die Orte erinnert, die sie liebt, wie Venedig, Paris und Mailand. Weiß ist auch der ideale Hintergrund für ihre sonstigen stilistischen Passionen. Sie schätzt englischen Chintz, und deshalb stammen viele Dekostoffe für Sofas, Sessel, Vorhänge und Betten von Colefax & Fowler. Pupi Fattori hat auch eine Schwäche für Geschirr. Im ganzen Haus drängen sich auf Regalen und Beistelltischen Sammlungen von Art-Déco-Porzellan und Majolika-Keramik. Einige Fundstücke stammen aus London, andere aus Mailand oder direkt aus der Umgebung.

Pupi Fattori pendelt zwischen ihrer Wohnung in Mailand, wo sie ihr erfolgreiches Modeunternehmen und eine Boutique betreibt, und ihrem Rückzugsort in Portofino, den sie mit ihrem gegenwärtigen Ehemann Giorgio Fattori teilt. Gern verbringt das Paar die gemeinsame Zeit in seinem Versteck – hier in der Stille, ohne Autolärm, mit Blick auf das Meer ringsum genießen sie die friedliche Atmosphäre. Für Pupi Fattori gibt es kaum etwas Schöneres, als sich entspannt auf der Veranda im Liegestuhl in ein Lieblingsbuch zu vertiefen und den Blick gelegentlich über den alten Hafen und die glitzernde Bucht von Portofino schweifen zu lassen.

Greek Style
English Style

UNTEN & RECHTS Pupi Fattori durchkämmt liebend gern die Flohmärkte in ihrem Heimatland Italien und in England nach Porzellan, Keramik, Silbergeschirr und sonstigen dekorativen Dingen. Ihre Lieblingsobjekte sowie gerahmte Drucke und Nischen voller Bücher verleihen den Innenräumen eine persönliche Note, und bei den Mahlzeiten kommt das schöne alte Steingut zur Geltung.

WARBURG
APEROL
IL LIBRO di CHRISTINE
The Town House

LINKS Passend zu dem englischen Chintz im ganzen Haus ziert traditioneller englischer Baumwolldruck das Schlafzimmer. Veilchenübersäte Bettwäsche und Stapel von Spitzenkissen gestalten einen femininen Rückzugsort.

UNTEN & GEGENÜBER Hübsche handgeklöppelte Baumwollspitze vom Flohmarkt läßt als Gardine ein weiches Licht ins Badezimmer und wirkt zweifellos romantisch.

LINKS Typisch für den Reiz des Hotel ›Splendido‹ ist der schlichte Luxus, auf einer sonnenüberfluteten Terrasse an einem Glas Prosecco zu nippen. 1901 begann sein Aufstieg zum gesellschaftlichen Mittelpunkt von Portofino.

Glanzstück

Das legendäre ›Splendido‹ ist, wie sein Name andeutet, ein Nobelhotel, das nachweislich zum Feinsten gehört, was die italienische Riviera zu bieten hat. Hoch oben auf einer Klippe mit Blick über das Fischerdorf Portofino präsidiert das ›Splendido‹ seit mehr als einem Jahrhundert über den winzigen Hafen und bietet allen, die sich das Reisen im großen Stil leisten können, ein luxuriöses Refugium. Das Anwesen auf der Klippe zog nicht immer so elegante Besucher an. Das ursprüngliche Benediktinerkloster wurde so oft von sarazenischen Piraten überfallen, daß die Mönche die Flucht ergriffen und das Gebäude dem Verfall preisgaben. In den Ruinen wohnten nur noch verirrte Schafe. Im 19. Jahrhundert restaurierte ein italienischer Adeliger, Baron Baratta, die Ruine als herrschaftliche Sommervilla. 1901 baute Ruggero Valentini, ein Pionier des Tourismus in Portofino, sie zum Hotel um.

Der besondere Reiz des Hotels im lokalen Stil mit gestrichenen, weinumrankten Fassaden und luftigen Innenräumen besteht jedoch in dem außergewöhnlichen Garten: Inmitten des 1,4 Hektar großen exotischen Parks verschwindet das Hotel hinter üppigem Bewuchs, der bis über den Klippenrand quillt. Diniert man bei Kerzenlicht auf der Hotelterrasse, öffnet sich ein berauschender Blick auf den lichtflimmernden Hafen und das Meer, gerahmt von blühenden Bougainvilleen. Zur Bauzeit des Hotels galten exotische Pflanzen an der Küste als »dernier crie«, und nun sind die Gartenterrassen übersät mit schlanken Palmen,

LINKS & GEGENÜBER Nur wenige Hotels an der italienischen Riviera können mit der Aussicht des ›Splendido‹ konkurrieren. Das lange, flache Gebäude auf einem pinienbewachsenen Berg oberhalb des berühmten Jachthafens von Portofino nutzt den Panoramablick optimal.

Eiben, Pinien und Mimosen. Silbrige Olivenhaine und Wildkräuter, die tagsüber in der Sonne schimmern, verströmen abends würzige Düfte. Schmale Pfade winden sich durch den Garten, über den Klippenkamm hinab in das verschlafene Portofino.

Im Zentrum des Ortes steht der etwas jüngere Ableger des ›Splendido‹, das ›Splendido Mare‹. Mit seinen pfirsichfarbenen Fassaden, sonnengelben Fensterrahmen und grünen Fensterläden reiht es sich als Edelstein in das Diadem des winzigen Dorfplatzes, wo es von einem Potpourri aus Fassaden mit Trompe-l'œil-Gemälden eingefaßt wird. Gegenüber schaukeln Jachten und bemalte Boote im Hafenbecken, das Straßencafés, Bars und Restaurants säumen.

Das Ambiente des alten Fischerdorfes und der atemberaubende Küstenblick zog über die Jahre viele namhafte Gäste ins ›Splendido‹. Das Gästebuch dokumentiert die Namen der Adeligen, Berühmtheiten und Jet-Setter, die hier abstiegen. Der Herzog von Windsor und Wallis Simpson waren die ersten, die sich hier 1952 eintrugen. Es folgten Lauren Bacall, Humphrey Bogart, Elizabeth Taylor, Richard Burton, Clark Gable und Ava Gardner, Cathérine Deneuve, Liza Minelli und Rex Harrison. Harrison war so bezaubert von dem Ort, daß er sich schließlich in der Nähe eine eigene Villa kaufte. Er zog wie ein Magnet die Leute vom Film an, die hier auf der Terrasse des ›Splendido‹ und in den Bars und Restaurants des Ortes ihre eigene Version vom süßen Leben inszenierten.

OBEN & RECHTS Ein typischer Anblick an der Riviera: Unten schaukeln Jachten auf den glitzernden Wellen des türkisblauen Mittelmeers, und weit oberhalb umringen Liegestühle und weiße Sonnenschirme einen eleganten Pool. Wen es nach der Welt jenseits der Grenzen dieser Idylle gelüstet, den bringt das hoteleigene Schnellboot zum nahen Strand von Santa Margherita oder zum Golfplatz nach Rapallo.

OBEN, LINKS & RECHTS Alle Hotelzimmer sind individuell im modernen mediterranen Stil ausgestattet, zu dem polierte Holzfußböden und sanfte, schmeichelnde Farbtöne gehören. Kein greller Mißklang stört oder lenkt von der Aussicht ab.

RECHTS Das Hotel in der ehemaligen Villa aus dem 19. Jahrhundert ist mit strahlenden Fassadenfarben, gestrichenen Fensterläden und üppig wucherndem Wein typisch für die Architektur von Portofino. Sinnlich gekurvte Balkonteiler nehmen den Rhythmus der sanften Hafendünung auf.

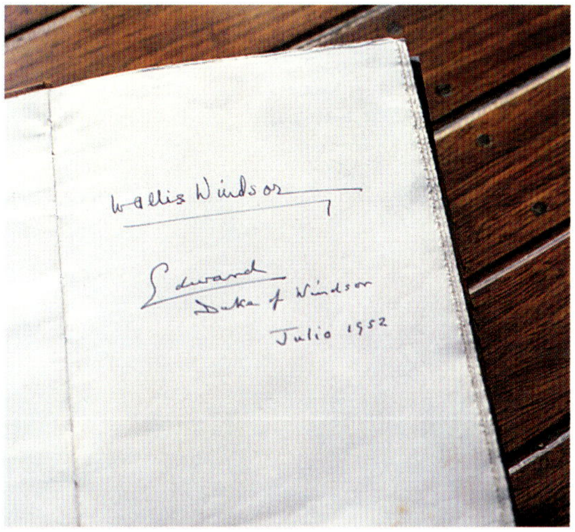

GANZ LINKS In der Eingangshalle erzeugen der im Schachbrettmuster geflieste Fußboden, hohe Bögen und Pastellfarben die elegante Wohnlichkeit italienischer Paläste. An den Wänden reihen sich Fotos berühmter Gäste aus alter und neuer Zeit.

LINKS Die lange Liste berühmter Gäste aus vergangenen Tagen machte das ›Splendido‹ zum Wahrzeichen der italienischen Riviera und trägt zweifellos noch heute zu seinem Reiz bei. Auch der Herzog von Windsor und Wallis Simpson, Prinzessin Margarethe von Schweden, die Ballerina Norma Shearer und die Schauspielerin Maggie Smith hinterließen Erinnerungen an ihren Besuch.

Barfüssiger Charme

› Capri & die amalfitanische Küste ‹

RECHTS Im Urlaub an der amalfitanischen Küste galt keine Kleiderordnung. Selbst die gepflegte Jacqueline Kennedy fühlte sich hier barfuß und im Badeanzug wohl, genauso wie Tochter Caroline und deren Freundin.

Barfüßiger Charme

Symbolisiert die junge Brigitte Bardot im Gingan-Bikini die glanzvollste Zeit von Saint-Tropez und der eleganten Côte d'Azur, dann steht die sonnengebräunte, barfüßige Sophia Loren gleichermaßen für das reizvolle Capri und die amalfitanische Küste. Extrovertiert, ungestüm, sinnlich und kapriziös verkörperte die junge Loren auf ideale Weise die wilde Natur, die sorglose Atmosphäre und den erdverbundenen, sinnenfrohen Lebensstil, die Neapels Küste und die vorgelagerten Inseln so attraktiv machten.

Sicher trugen ihre vielen Filme, die in ihrem Geburtsort Neapel, im nahen Sorrento oder auf Capri spielen – *Gold von Neapel*, *Es begann in Neapel* und *Brot, Liebe und 1000 Küsse* – dazu bei, die Loren mit der Schönheit der süditalienischen Riviera zu identifizieren. Und als das Filmpublikum in Rom, New York und London sie von den Felsen ins Mittelmeer eintauchen, sich an Deck eines hölzernen Fischerbootes sonnen, mit einem braungebrannten jungen Adonis flirten und von den Höhen einer Inselklippe zum Horizont schauen sah, kamen Amalfi und Capri groß in Mode und blieben es die ganzen 50er Jahre und darüber hinaus.

An der amalfitanischen Küste wurde Positano – ein winziger Fischerhafen in einer felsigen Bucht – zum beliebtesten Urlaubsort auf dem Festland. Hoch oben auf den Klippen oberhalb des Ortes warteten Hotels wie das ›La Sireneuse‹ oder ›San Pietro‹ vor einer der schönsten Landschaften der Welt mit lässigem Luxus auf.

Welcome
JACQUELINE

GIOIA

GEGENÜBER & RECHTS Begeistert von der strahlenden Sonne, der wunderschönen Aussicht und der charmanten Atmosphäre von Hafenstädtchen wie Positano, besuchten der Herzog und die Herzogin von Windsor die italienische Küste immer wieder gern.

Capri hingegen umgab die Aura der verzauberten Insel. Mit zerklüfteten Kalksteinklippen, Unterwassergrotten, klarem blauem Wasser, üppigen immergrünen Wäldern, Blick über das Meer bis Neapel und auf den Vesuv und mit der Stadt Capri selbst schien sie die ideale natürliche Filmkulisse für stürmische Romanzen und wilde Abenteuergeschichten. Etwas von dem Geheimnis verdankt Capri auch seiner eigenen Geschichte, die bis in die griechische Antike zurückreicht.

Die Legende will, daß Griechen vom Ionischen Meer die Insel im 8. Jahrhundert v. Chr. besiedelten, und Überreste einer antiken Akropolis sprechen dafür. Weitere Spuren griechischer Zivilisation datieren bis ins 6. und 7. nachchristliche Jahrhundert, als die Siedler ihre Terrassendörfer zum Meer und zur Sonne ausrichteten. Das griechische Erbe machte die Insel für Gajus Octavius, den späteren Kaiser Augustus, interessant genug, um sie als Sommerresidenz zu wählen. Sie bot Ruhe, schönes Wetter und griechische Exotik. In balsamischen, sternenklaren Nächten veranstaltete der Kaiser gern Feste, bei denen Griechen und Römer im Rollentausch Kleidung und Sprache wechselten.

Diese idyllischen Tage waren ein Vorgeschmack auf die Freuden, die Capri den Eroberern des 20. Jahrhunderts bot. In der Zwischenzeit war die Insel hart umkämpft und ging aus den Händen des römischen Kaiserreiches in den Besitz einer Vielzahl europäischer Fürstentümer und Königreiche über, die Anspruch auf ihre Schönheit und die strategisch günstige Lage erhoben.

LINKS & OBEN 1959 bannte *Es begann in Neapel* – mit der gebürtigen Neapolitanerin Sophia Loren und Clark Gable – Capris Zauber auf die Leinwand. Hollywood begeisterte das Publikum für die schöne kleine Insel mit dem malerischen Hafen. Wie gewöhnlich erregte das Erscheinen der Loren die Aufmerksamkeit ihrer Verehrer.

GEGENÜBER & RECHTS Die atemberaubende Landschaft und der ungezwungene Lebensstil machten Capri und die amalfitanische Küste so attraktiv. Man träumte von der Flucht in das einfache Leben der typischen Fischerdörfer mit ihren sonnengebräunten, freundlichen Einwohnern und scheinbar endlosen Sonnentagen.

Im 19. Jahrhundert stillten ihre unvergleichliche Landschaft und der schlichte Lebensstil die virulent um sich greifende romantische Sehnsucht der Nordeuropäer. Alles was Rang und Namen hatte, machte auf Reisen in den Süden auf Capri Halt.

Aber erst in den 50er Jahren, als Italiens Filmemacher Capri als natürliche Kulisse für sich entdeckten, erlebte es einen neuen Aufstieg. Die rauhe Landschaft, das klare Licht und das tiefblaue Meer waren der perfekte Hintergrund für die Glamourstars jener Tage. Capris Ruf verbreitete sich unaufhaltsam. Nicht nur die Filmstars aus Rom fanden sich ein. Auch Hollywood, ebenso wie königliche Hoheiten und die feine Gesellschaft, lockte der Zauber dieser verführerischen Ecke Italiens. Noch heute kann man sich leicht vorstellen, wie Sophia Loren, Gina Lollobrigida oder Jackie O. mit schwarzer Sonnenbrille in Shorts und Flechtsandalen vom Schuhmacher des nahen Positano in Capris winzigem Hafen der nach wie vor stilgetreuen Fähre entsteigen.

Die amalfitanische Küste bleibt ein unvergeßliches Erlebnis. Ob man den großartigen Anblick des hoch über dem kleinen Hafen gelegenen Positano mit seinen steilen, gewundenen Straßen und den farbigen Fassaden bewundert oder durch Capris Fußgängerzone zwischen duftenden Blüten an feinen Boutiquen und Restaurants vorbeiflaniert – ihre großartige Natur und ihre Geschichte, ihre stillen Fischerdörfer und ihr überwältigender Charme machten die Küste zu einem Mekka der Filmstars und des Jet-Set, zu einem Ort, wo man das »süße Leben« in jeder Haarnadelkurve der halsbrecherischen Panoramastraßen leben muß.

LINKS Die spektakuläre Lage von Dino Trappettis Villa hoch auf Capris Klippen ist Grund genug, um überwiegend auf der Terrasse zu leben, wo den ganzen Tag die Sonne scheint. Nur im Winter zieht man sich ins Haus zurück.

Filmflair

Die Geschichte von Dino Trappettis Villa ›Il Canile‹ auf Capri klingt wie ein Drehbuch. Nichts könnte besser zu dem Direktor des Hauses Tirelli in Rom passen, das die Kostüme für weltberühmte italienische Filmklassiker von Visconti und Fellini sowie für moderne Meisterwerke wie *Zeit der Unschuld*, *Der englische Patient* und *Titanic* entwarf.

Man glaubt es kaum, aber Trappettis Haus war einst der »canile« oder Hundezwinger des Comte Vismara, der eine Luxusvilla auf demselben Grundstück bewohnte. Später gehörte das Anwesen Norma Clark, einer Amerikanerin schwedischer Abstammung, die es schließlich verkaufte. Aus dem Haupthaus wurde das Hotel ›Punta Tragara‹, den Zwinger erwarb Trappetti zusammen mit drei seiner engsten Freunde: dem Kostümbildner Umberto Tirelli, der gerade von dem berühmten spanischen Torero Luis-Miguel Dominguin geschiedenen Schauspielerin Lucia Bose und Esa de Simone. Später verkauften die Frauen ihre Anteile an die beiden Männer, und nach Tirellis Tod erbte Trappetti das geliebte Haus sowie die Firma Tirelli in Rom.

Nun verbringt er die Sommermonate in der schmucken Villa, deren einfacher, ursprünglicher Ausstattungsstil das Leben auf Capri charakterisiert. In den Innenräumen dominieren Weiß und Blau: die Farben der strahlend weißen Fassaden der Inselhäuser und des tiefblauen Mittelmeers.

RECHTS Im Sommer füllt sich das Haus mit Freunden und Bekannten aus Rom. Das Leben spielt sich natürlich im Freien ab. Sitzecken auf der mehrstufigen Terrasse bieten reichlich Platz zum Dösen und Sonnenbaden.

GEGENÜBER Das zur Terrasse geöffnete, von dichtem Blattwerk eingerahmte rustikale Eßzimmer ist wie geschaffen für ein Abendessen bei Kerzenschein.

Das Haus ist relativ klein, aber die großzügigen Terrassenanlagen mit Blick aufs Meer gleichen das mühelos aus. Für Trappetti bilden die von farbenprächtigen Sträuchern und exotischen Bäumen überbordenden Gartenterrassen den reizvollsten Anblick. Hier entspannt er sich am liebsten. Ein begnadeter Gärtner, von Ansässigen schlicht Constanzo genannt, hält das üppige Grün in tadellosem Zustand.

Auf ›Il Canile‹ erholt sich Trappetti von seinem Geschäftsleben in Rom, aber die Villa ist auch das Zentrum eines regen gesellschaftlichen Lebens. In den Sommermonaten versammeln sich Freunde aus der Kunst- und Modewelt auf den Terrassen, die vor dem blendend weißen Hintergrund wie Schauspieler aus einem Fellini-Film wirken.

Obwohl Trappetti regelmäßig jeden Sommer nach Capri flieht, bleibt er der Welt der Kostüme doch leidenschaftlich verbunden und liebt es, Schauspieler und Schauspielerinnen passend für ihre Rollen einzukleiden. Seine gegenwärtige Passion gilt der Sammlung Tirelli in Rom, einem neuen Museum in einem Gebäude aus dem 18. Jahrhundert. Das Museum wird nicht nur der Kostümkunst, sondern auch ihrem schöpferischen Genius gewidmet sein, der einst ›Il Canile‹ mit ihm teilte – Umberto Tirelli.

UNTEN & RECHTS Auf der sonnigen Terrasse finden mediterrane Bäume und Blütenpflanzen ideale Bedingungen. Die üppig begrünte Terrasse, die sich großer Beliebtheit erfreut, wird regelmäßige von einem einheimischen Gärtner gepflegt. In Form von Topfblumen und Weinranken erobert das hochgeschätzte Grün auch die Innenräume und verwischt die Grenzen zwischen Innen und Außen.

OBEN & GEGENÜBER Innen dominieren Blau und Weiß, die typischen Farben von Capri. Sie verweisen auf die traditionellen geweißten Inselhäuser und das Meer ringsum. Die Sammlung von Hundefiguren rund um den Kamin erinnert an die Vergangenheit des Hauses als Hundezwinger.

LINKS & UNTEN RECHTS Von der Gartenterrasse aus blickt man zwischen Oliven, Zitronenbäumen und duftenden Blüten auf die zerklüfteten Faraglioni-Felsen – eine Bilderbuch-Aussicht, die Capris unwiderstehlichen Reiz einfängt.

Elfenbeinturm

Die Eigentümer dieser Villa auf Capri suchten nach der besten aller möglichen Welten, als sie nach einer Zuflucht fern der Geschäftigkeit von Lucca Ausschau hielten. Sie wünschten sich Ruhe und Frieden in schöner Umgebung, aber auch ein reges gesellschaftliches Leben, ein anregendes Kulturangebot und außerdem die Nähe zum Wassersport, für den die amalfitanische Küste zu Recht berühmt ist. Ein unberührtes Eckchen auf Capri entsprach all ihren Wünschen.

Das Paar verliebte sich in Capris ungezwungene, doch elegante Atmosphäre und natürlich in seine Lage und die phantastische Aussicht. Bestechend schien ihnen nicht nur die Schönheit der Insel selbst, sondern auch die Nähe zu den Vergnügungen und Attraktionen des lediglich einen Katzensprung entfernten italienischen Festlandes. Gelüstet es sie nach Jet-Set-Idylle oder städtischem Glamour, nehmen sie die Fähre nach Amalfi. Geistige Anregung bietet das nahe Pompeji, dessen Fresken die römische Zivilisation der Antike auf ihrem Höhepunkt vorführen.

Als Basis für seine Ausflüge und Abenteuer wählte das Paar ein kleines Haus, gerade geräumig genug, aber nicht so groß, daß seine Pflege allzuviel Zeit beansprucht. Sie übernahmen es von einem Schriftsteller, der es sich 1964 als Rückzugsort gebaut hatte. Es entsprach ihren Bedürfnissen so perfekt, daß sie nur wenig daran änderten.

GEGENÜBER & LINKS Der versteckte Pool scheint direkt in den Fels gehauen. Damit er sich gut in die Umgebung einfügt, wurde er mit einer Farbe beschichtet, die das Wasser türkisblau funkeln läßt. Passende Liegestühle in Türkis vervollständigen das Bild.

Trotzdem gaben sie der malerischen Villa deutlich ihren eigenen Stil. Die geschmackvolle Einrichtung, eine Kombination aus klassischen Antiquitäten, folkloristischen Teppichen und Stoffen und einfachen, rustikalen Möbeln, kommt vor den hellen, geweißten Wänden gut zur Geltung. Akzente in lebhaftem Rot, beruhigendem Salbeigrün, strahlendem Blau und sonnigem Gelb verbreiten Wärme und Wohlbehagen in den bequemen Innenräumen. Der Gesamteindruck ist still und friedvoll – ein idealer Ort, um neue Kraft zu tanken.

Mittelpunkt des Inselverstecks ist die in separate Wohnbereiche abgeteilte Terrasse: ein weinumrankter Balkon für das Frühstück mit Milchkaffee, eine Speiselaube mit Holztisch und Korbstühlen, ein versteckter Swimmingpool und ein großzügiger Patio mit Terrakottafliesen, wo ein Sofa und Liegestühle bereitstehen – alles mit Blick auf ein überwältigendes Küstenpanorama mit der Stadt Capri und ihrem Hafen, einem großen Stück mediterranen Blau und den Faraglioni als Mittelpunkt – zwei riesige Vulkanfelsen, die wie ein Symbol der Insel selbst aus dem Meer aufragen. Ob man im Sommer auf der Terrasse sitzt oder im Winter die Stunden im Wohnzimmer verstreichen läßt – stets fällt der Blick auf die Faraglioni und erinnert die Eigentümer immer daran, was sie ursprünglich hierher zog.

GEGENÜBER & UNTEN Das abschüssige Grundstück ist in mehrere Terrassen gestuft, die mit Lauben und Sitzecken bestückt sind. Auf der Hauptterrasse sorgt ein strohgedecktes Spalier an heißen Sommertagen für Schatten. Das Mittagessen wird an einem großen einfachen Holztisch auf Korbsesseln eingenommen.

GEGENÜBER & OBEN Die für Capri so typischen schlicht geweißten Wände beleben kräftige Farben, reich verzierte Textilien und Sammelobjekte, die das Paar von seinen vielen Reisen zu fernen Orten mitbrachte. Im Schlafzimmer zeigt eine Wand den rauhen Fels, in den das Haus gehöhlt wurde, kontrastiert von weichen Kissen. Im Eßzimmer wurden ein Tisch mit Mittelfuß, italienische Empirestühle und ein weißes, kissengeschmücktes Sofa kombiniert, während im Wohnzimmer (umseitig) niedrige Sessel, Folkloreteppiche und stapelweise Körbe und Bücher eine entspanntere Atmosphäre schaffen.

Virgilio Lilli

CERAMICA STINGO NAPOLI

LINKS & UNTEN Das luxuriöse Dekor, die bildschöne Aussicht und die einmalige Architektur des ›San Pietro‹ lockten exklusive Prominenz. Das Gästebuch liest sich wie ein »Who is who« der Filmstars, Künstler, Literaten und Millionäre.

Reine Hingabe

Das Hotel ›San Pietro‹, eine architektonische Tour de Force, schlägt Kapital aus einer der zauberhaftesten Landschaften der Welt: der dramatischen Küste von Amalfi, deren majestätisch aufragende rauhe Klippen eher das Meisterwerk eines surrealistischen Bildhauers zu sein scheinen als ein Produkt der Naturgewalten. Überwältigt von dem Eindruck dieser unverdorbenen Landschaft, offenbarte sie sich dem faszinierten Carlo Cinque als ideale Umgebung für ein zukünftiges Hotel, das sich nicht mehr zu überbietender »Zimmer mit Aussicht« rühmen könnte.

Der charmante Carlo Cinque, ein Hotelierssohn aus dem nahegelegenen schönen Positano, schien mit seinem grenzenlosen Enthusiasmus der perfekte Anwärter für ein eigenes Hotel. Als ersten Schritt zur Verwirklichung seines Traums erwarb er 1962 eine bis auf die winzige San-Pietro-Kapelle völlig kahle Felskuppe. Man erreichte das abgelegene Grundstück auf dem zerklüfteten Vorgebirge hoch über dem weiten blauen Meer nur auf haarsträubenden Straßen von Positano aus.

Zuerst entstand seine Privatwohnung – kein kleines Kunststück, denn sie wurde direkt in den Fels hineingehauen und bekam sogar den für das Leben an der italienischen Küste obligatorischen Garten. Nach und nach höhlte Carlo Cinque weitere Räume in das Gestein, und nach acht Jahren mühsamster Knochenarbeit gab es ein Hotel – 33 Zimmer mit Meeresblick – und eine Terrasse, deren traumhafte Lage die dort im Freien

RECHTS & GEGENÜBER Die Hotelarchitektur fügt sich perfekt in die natürliche Linienführung der Felsküste. Mühsam hineingehauen in die imposantesten Berge der amalfitanischen Küste ist es berühmt für seine von strahlend gelben Sitzen gesäumten Terrassen mit Keramikfliesen aus lokaler Produktion.

speisenden Gäste zum Bad in den tiefblauen Wellen am Fuß der Klippe verlockte.

Seither ist das ›San Pietro‹ auf sechzig Zimmer erweitert worden, die – eingebettet in Klippen- und Felskanten – größtmögliche Intimität und Ruhe garantieren. Kaskaden duftender einheimischer Blumen quellen üppig über Balkonspaliere und ergießen sich das bergige Terrain hinab bis zum Privatstrand. Weinlauben in den Höfen bilden natürliche Dächer, die vor der gleißenden Sonne Schutz bieten.

Kacheln aus lokaler Produktion auf den Bänken der Außenterrassen, Wand- und Bodenfliesen der Zimmer sowie Trompe-l'œil-Gemälde lassen den Geist des nahen Pompeji mit seinen kunstvollen römischen Fresken aufleben. Sie inspirieren auch den schöpferischen Geist der amalfitanischen Töpfer, die handgefertigte Keramik in originellen Formen herstellen – Wasser- und Weingefäße in Gestalt von Hähnen, Teller in Fischform und sonstiges Geschirr in allen erdenklichen Gestalten.

Trotz der illustren Gästeliste, auf der auch Lawrence Olivier, Cathérine Deneuve, Gore Vidal und Franco Zefirelli stehen, blieb das ›San Pietro‹ ein kleiner Familienbetrieb, den seit Carlo Cinques Tod Neffe Salvatore Alfanasio und Nichte Virginia führen. Sie blieben seiner großartigen Vision treu: einem luxuriösen Ambiente im Einklang mit der rauhen natürlichen Umgebung.

UNTEN & GEGENÜBER Die Hotelhalle erinnert mehr an eine noble Privatvilla als an ein Hotel. Sie wirkt insgesamt sehr geschmackvoll und erlesen. Geschwungene geweißte Formen und Terrakottafußböden bilden den rustikalen Hintergrund für unaufdringliche, doch luxuriöse Möbel und besondere Details wie das schmiedeeiserne Geländer und die schwungvollen Fußbodenintarsien aus handgefertigten Keramikfliesen.

GEGENÜBER & UNTEN RECHTS Der Vorbesitzer von Li Galli, Rudolf Nurejew, gestaltete das Haupthaus im maurischen Stil. Für sein Schlafzimmer bestellte er Keramikfliesen aus Tunesien, deren leuchtende Blautöne mit den Farben des Meeres harmonieren.

Privatparadies

Eine der romantischsten Privatvillen der Riviera steht auf einer kleinen Insel vor der Küste Positanos. Nicht nur die großartige Lage auf einer der drei zerklüfteten Felsinselchen namens Li Galli, sondern auch die Geschichte des Archipels, die bis in mythische Zeiten zurück reicht, macht dieses Anwesen zu etwas Besonderem. Bei den Griechen hießen sie einst »Inseln der Sirenen«, doch obwohl die Sage erzählt, daß diese bezaubernden Geschöpfe Seefahrer in den Tod lockten, blieb der Archipel für Generationen furchtloser Schiffer unwiderstehlich.

Zur Zeit des Kaisers Tiberius entstand auf Li Galli eine Villa, vielleicht für den Kaiser selbst, der mit seinem Hofstaat in der Hoffnung dorthin gesegelt sein soll, die Sirenen singen zu hören. Noch immer gibt es Spuren dieser ersten Besiedlung und auch einen Turm aus dem 11. Jahrhundert, erbaut von den Sarazenen, die wie viele andere seither die strategische Lage der Inseln zu schätzen wußten. Es waren jedoch die Inselbewohner jüngster Zeit, die den heutigen Charakter der Inseln prägten und die antike Stätte zu neuem, zeitgemäßem Leben erweckten.

Der russische Choreograph Léonide Massine trägt die Verantwortung für den grundlegenden Wesenswandel des Archipels von der Festungsanlage zum Privatversteck. Er kaufte die Inseln in den 20er Jahren, als sie ihre strategische

LINKS & GEGENÜBER Der Sommer wird überwiegend auf der Terrasse verbracht. Man entspannt in der Hängematte, speist im Freien oder badet im Salzwasserpool. Der großartige Blick auf Positano sorgt für Ablenkung.

Bedeutung verloren hatten, und ließ auf dem Grundstück des alten römischen Gebäudes eine große neue Villa bauen. Mit dem Entwurf beauftragte er seinen Freund Le Corbusier, der die weite Sicht nach allen Seiten optimal zu nutzen wußte. Im Erdgeschoß erschließt ein großer Terrassengarten den Panoramablick auf Capri und Cap Licosa, von den Schlafzimmern auf der gegenüberliegende Seite kann man den Blick auf Positano und die Lattari-Berge genießen.

Mit Fertigstellung der Villa verlegte Léonide Massine das Zentrum seiner schöpferischen Aktivitäten nach Li Galli. Er restaurierte den alten Wachturm als Tanzstudio und Zweitwohnung. Es gab eine große Tanzfläche, ein Zwischengeschoß, das einem Quartett Platz bot, und sogar ein Freilichttheater, das später ein Sturm zerstörte. Noch über Massines Tod im Jahre 1979 hinaus blieben die Inseln der Passion für den Tanz verbunden, denn der nächste Eigentümer war der Tänzer Rudolf Nurejew. Da er für islamische Kultur schwärmte, richtete er die Villa im maurischen Stil ein und ließ die Räume mit spezialangefertigten Kacheln auskleiden. In dieser exotischen Zitadelle genoß er die wenigen Jahre bis zu seinem Tod.

Als der jetzige Besitzer, der Hotelier Giovanni Russo, Li Galli erwarb, war vieles bereits verfallen. In seiner Freizeit widmet er sich nun dem Wiederaufbau. Wenn er nicht gerade seine beiden Hotels in Sorrento führt, genießt er hier den Frieden und die unvergleichlich schöne Lage der Inseln. Freunde sind in seinem Privatparadies stets willkommen.

GEGENÜBER Der gegenwärtige Besitzer Giovanni Russo bewohnt den sarazenischen Wehrturm aus dem 11. Jahrhundert und überläßt die beiden Häuser auf der Insel seinen Gästen.

LINKS Die Terrasse mit Springbrunnen ließ der berühmte Choreograph Léonide Massine anlegen, der Mitte des 19. Jahrhunderts hier lebte. Er nutzte sie geschickt als Bühne für Tanzübungen und Privatvorstellungen, aber nun dient sie profaneren Zwecken. Zwei Kopien römisch-antiker Steinsessel laden mit großer Geste zum Blick auf den Horizont.

GEGENÜBER & LINKS Die Schlafzimmer im Haupthaus sehen fast noch genauso aus, wie Nurejew sie hinterließ, auch wenn viele Möbel auf einer Auktion verkauft wurden. Obwohl er nur zwei Jahre hier lebte, wurde die Villa nachhaltig von seiner Vision eines Refugiums im maurischen Stil geprägt, dessen Inspiration auch andere Tänzer und Choreographen genießen durften.

GEGENÜBER & UNTEN RECHTS Die Villa ›San Michele‹ wurde zu einem Wahrzeichen von Capri. Das großartige ehemalige Domizil des Wissenschaftlers, Philosophen und Gelehrten Axel Munthe ist nun sein Museum geworden. Die steinerne Sphinx auf der Terrasse kündet von seiner Leidenschaft für die Antike und die Archäologie.

Raum zum Atmen

Hoch auf einer Klippe in Anacapri steht die Villa ›San Michele‹, wo der schwedische Wissenschaftler, Gelehrte, Autor und Philanthrop Axel Munthe lebte und arbeitete. Er hatte den Platz auf einer Neapelreise entdeckt und 1896 mit dem Bau der großartigen Villa begonnen. In dem 1929 veröffentlichten *Buch von San Michele* beschreibt er lebhaft seinen ersten Eindruck: »Die ganze Bucht von Neapel lag zu unseren Füßen, umrahmt von Ischia, Prócida, dem pinienbewaldeten Posillipo, der flimmernden weißen Linie von Neapel, dem Vesuv mit seiner rosigen Rauchwolke, der Sorrentiner Ebene im Schutze des Monte Sant' Angelo und dem fernen, noch schneebedeckten Apennin.«

Mit seiner atemberaubenden Aussicht schien der Platz wie geschaffen für Munthes Haus: ein Ort zum Nachdenken, Ausruhen und Schreiben. Die Architektur der Villa wurde von den Ruinen einer kleinen Kapelle auf dem Grundstück beeinflußt. Ihre Gewölbedecke war längst eingebrochen, nur große, vertikale Steinblöcke ragten aus dem Schutt der eingestürzten Wände. Der Geist dieser alten Mauern inspirierte den Entwurf des Hauses, das wie die Kapelle nach dem Heiligen Michael benannt ist.

Die Villa entstand in einem Zeitraum von fünf Jahren. Es ist ein kleines Haus mit nur wenigen Zimmern, dessen Charakter von seinen Terrassen bestimmt wird – mit Munthes eigenen Worten: »… ringsumher waren Terrassen, Loggien und Pergolen,

RECHTS & GEGENÜBER Architektur und Erscheinungsbild der Villa ›San Michele‹ sind für Capri ganz charakteristisch. Mit ihren schlichten weißen Fassaden, den Säulen, dem zentralen Innenhof und der Ausrichtung zum Meer ist die Villa eine typische Vertreterin jenes Baustils, den die Römer seinerzeit mitbrachten.

um Sonne, Meer und Wolken zu betrachten, die Seele braucht mehr Raum als der Körper.«

Verschiedene historische Architekturstile der Gegend finden sich in der Villa harmonisch vereint. Capri wurde ursprünglich von den Römern kolonisiert, und noch heute sind Überreste römisch-antiker Architektur über die ganze Insel verstreut. Im späten 19. Jahrhundert erlebte sie wie andere verträumte Gegenden an der Riviera einen Bauboom in einer regionalen Variante des Stils der Belle Époque. Dieser sogenannte »Capri-Stil« – nach den zum Meer und zum Himmel orientierten rustikalen, geweißten Villen, die auf Capri zum Standard wurden – unterschied sich deutlich von dem stark ornamentalen Stil der französischen Riviera. Die Villa ›San Michele‹ mit ihren schönen, wohlproportionierten Fassaden, Bogenloggien, Gewölbedecken und Säulen, Mosaikfußböden, antiken Skulpturen und Büsten verbindet römisch-antike und capresische Einflüsse. Die Dachzinnen wirken fast maurisch. Gärten, Terrassen und Lauben sind mit Blumen übersät, die der natürlichen Flora ebenso Tribut zollen wie der Vorliebe des 19. Jahrhunderts für exotische Pflanzen.

Auf Axel Munthes Wunsch wurde sein geliebtes Haus nach seinem Tod zum Museum. Passenderweise beherbergt es heute auch Gastgelehrte und Humanisten, die in der Atmosphäre, die den großen Visionär anregte, nicht nur seine philosophischen Schriften und sein wissenschaftliches Vermächtnis, sondern auch seinen ausgeprägten Schönheitssinn studieren können.

GEGENÜBER & LINKS Die Villa blieb überwiegend so erhalten, wie Munthe sie hinterließ. Überall begegnet man der Antike, sei es in Gestalt einer griechischen Statue zwischen Marmorsäulen, einer weinumrankten Steinmaske oder eines Fußbodenmosaiks mit Meeresmotiven.

GEGENÜBER Farblich auf das Fußbodenmosaik abgestimmte italienische Antiquitäten in Blau und Gold verfeinern und beleben in diesem Wohnzimmer die klaren Konturen der Architektur.

UNTEN Die schlichte, funktionale Küche in makellosem Weiß dominiert eine geflieste Einbauzeile mit Arbeitsfläche, Waschbecken, Herd und Rauchfang. An Wand und Decke reihen sich originale Kupferpfannen und -töpfe.

LINKS In keiner italienischen Küstenvilla fehlt die typische Loggia. Die starke Verbundenheit der Griechen und Römer mit Himmel, Sonne und Meer findet architektonischen Ausdruck in dieser Verschränkung von Innen- und Außenraum, die sowohl ihre Privathäuser als auch ihre öffentlichen Gebäude charakterisiert.

GEGENÜBER Hier dient die Loggia als Ausstellungsgalerie für Axel Munthes umfangreiche Sammlung antiker Skulpturen und Kunstgegenstände. Büsten auf Säulen und Piedestalen säumen den langen Gang, auf dem sich Architekturfragmente, Skulpturen und antike Möbel drängen.

✶ GEGENÜBER Besonders lieben die Sersales die von Bougainvilleen umrankte Terrasse, die ihre Wohnfläche erweitert und Licht und Luft in die Räume bringt. Große Glastüren markieren den Übergang zu den Wohn- und Eßzimmern.

Positano pur

Nachdem Antonio und Carla Sersale die Leitung des berühmten Hotels ›La Sireneuse‹ übernommen hatten, wohnten sie selbst noch zwei Jahre lang dort, während sie sich nach einem intimeren Heim umsahen. Das ehemalige Landhaus und jetzige Hotel gehört zur großartigsten Architektur, die Positano zu bieten hat und verfügt über die schönste Aussicht – daneben schien alles andere zweite Wahl. Doch sie wurden fündig und bezogen eine abgeschlossene Maisonettewohnung in einem 200 Jahre alten Gebäude, das zum Weltkulturerbe zählt. Durch das Straßengefälle entschwindet die Fassade zwar fast dem Blick, bietet aber eine weite Aussicht aufs Meer.

Der historischen Bedeutung ihres neuen Heims verpflichtet, gestalteten sie das Interieur mit viel authentisch lokalem Charme. Geweißte Wände und schlichte Kachelböden entsprechen der natürlichen Schlichtheit eines Dorfhauses und bilden zugleich den passenden Hintergrund für Textilien und Einrichtungsgegenstände, die die Sersales von Reisen in exotische Länder mitbrachten. Stolz blickt Antonio Sersale auf seine Sammlung orientalischer Stoffe, Teppiche, Webarbeiten und Stickereien aus seiner Zeit in Persien. Inzwischen prangen auch indische, chinesische und türkische Stücke als hübsche Farbtupfer und Strukturakzente an den hellen weißen Wänden. Auf der Terrasse besorgt die Natur selbst die Dekoration. Rosa Bougainvilleen drapieren sich über die Mauern, und der postkartenreife Küstenblick faßt zusammen, was es bedeutet, in Positano zu leben.

✶ LINKS & UNTEN In den Interieurs behauptet sich eine orientalische Note, ohne daß darüber die entspannte, rustikale Schlichtheit verlorenginge. Eine für Positano typische Stucknische, Safaristühle, orientalische Bordüren und eine marokkanische Lampe ergänzen sich perfekt.

✶ UNTEN, RECHTS & GEGENÜBER Wenn die Sersales neben der Leitung des Hotels ›La Sireneuse‹ etwas Zeit für sich finden, machen sie gern Urlaub in Asien und im Mittleren Osten und ergänzen dabei ihre Sammlung exquisiter Textilien, die den schlichten weißen Innenräumen mit hohen Decken und Türbögen Farbe und Glanz verleiht.

Ψ GEGENÜBER & UNTEN RECHTS Eine Steinmauer schützt die Villa ›Tritone‹ und den phantastischen Garten hoch oben auf der Klippe vor den Elementen. Triforien geben den Blick auf den Golf von Neapel frei.

Zaubergarten

Für Rita Pane ist das Heim, das sie mit ihrem Mann Mariano bewohnt, ein »wirkliches Wunderland«. Als Märchenpalast inmitten eines Zaubergartens entspricht die Villa ›Tritone‹ an der amalfitanischen Küste dem Traum von der Flucht in eine wiederverzauberte Welt. Rita Pane kommt sich manchmal wirklich wie Alice vor, die nach dem Sturz in den Kaninchenbau durch ein Schlüsselloch in einen geheimen Garten späht und alles versucht, um hineinzugelangen. Die Vorstellung begleitet sie seit ihrer Kindheit, als sie die Klosterschule gegenüber besuchte. Täglich spähte sie durch die imposanten Tore der Villa und fragte sich, was wohl dahinter läge, doch es kam ihr nie in den Sinn, daß sie einmal selbst dort wohnen könnte. Als die Panes kurz nach der Hochzeit die Villa kauften, erschien ihnen das großartig bewaldete Grundstück als das kostbarste Geschenk für ihre zukünftigen Kinder.

Entsprechend galt ihre größte Aufmerksamkeit dem Garten. Rita Pane ist eine passionierte Gärtnerin und schrieb auch ein Buch zur Geschichte der Gärten und ihrer Bedeutung. Für sie verkörpern sie das »verlorene Paradies«. Im Fall der Villa ›Tritone‹ ist es aber wohl eher ein gefundenes Paradies. Einst stand auf dem Grundstück eine antike römische Villa aus dem ersten nachchristlichen Jahrhundert, erbaut für den Neffen des Kaisers Augustus, aber den gegenwärtigen Stil des Gebäudes prägte William Waldorf Astor. Ende des 19. Jahrhunderts kaufte er das Grundstück, nachdem er auf einer großen Italienreise

Ψ LINKS & GEGENÜBER Die Gartenarchitektur, die auf den vorigen Eigentümer William Waldorf Astor zurückgeht, vereint die Ästhetik der griechischen und römischen Antike mit der englischen Leidenschaft für Gärten und exotische Pflanzen. Astor importierte Hunderte tropischer Bäume und seltener Gewächse.

dem Zauber der amalfitanischen Küste erlegen war und erbaute darauf ein Haus in dem damals so beliebten Stil der Belle Époque.

Als großer Gartenliebhaber begann er begeistert mit der Verwandlung des Grundstücks. Auch seine Nachbarin, Prinzessin Maria-Sturdza Cortschacow, Cousine des russischen Zaren, hatte einen ›grünen Daumen‹, und beide begannen, miteinander darum zu wetteifern, wer die exotischsten Pflanzen einführen und die überwältigendsten Gartenarrangements kreieren könne. Willim Waldorf Astor blieb offenbar der Sieger.

Als die Panes das Haus kauften, übernahmen sie auch einen Teil der Möbelsammlung ihres Vorgängers. Sie gaben seinem Stil ihre eigene Note, indem sie hier und da persönliche Stücke einfügten und zeitgenössische Akzente setzten. All die römischen Antiquitäten – Säulen, Büsten, Springbrunnen und Statuen –, die in Haus und Garten verteilt sind, erinnern nach wie vor deutlich an William Waldorf Astor. Besonders im Garten entfalten die verwitterten Stein- und Marmorstatuen ihre Dramatik und verweisen auf die spektakuläre Aussicht auf Sorrento und den Golf von Neapel.

Ψ LINKS & OBEN Zwischen den fein verzierten Stuckbögen der hohen Räume kommt die Sammlung aus Marmorsäulen, Architekturfragmenten, Statuen, Büsten und Urnen eindrucksvoll zur Geltung. Einige Stücke stammen von William Waldorf Astor, andere wurden von den jetzigen Eigentümern angeschafft.

Ψ LINKS Die Antike ist das verbindende Thema zwische den Interieurs und dem wunderschönen Garten – freistehende klassische Säulen, Basreliefs aus Marmor, Urnen und Statuen finden sich überall.

GEGENÜBER Friese mit mythologischen Motiven thematisieren die Antike auch in dem zentralen Wohnzimmer, das dank seiner dezenten weiß-blauen Farbpalette insgesamt frisch und schlicht wirkt. Auch der Garten macht sich mit eingetopften Palmen und einem exotischen Tischgesteck bemerkbar, das dem zurückhaltenden Stil eine luxuriöse Note verleiht.

MATIN

Rivieraführer

Côte d'Azur

St. Tropez

HOTELS

Hotel Byblos
Ave. Paul Signac
Tel: 0033 4 94 56 68 00

Château de la Messardière
2 km von St. Tropez
Route de Tahiti
Tel: 0033 4 94 56 76 00

Hotel la Sube
15, Quai Suffren 9
Tel: 0033 4 94 97 30 04

Bastide de St. Tropez
Route des Carles
Tel: 0033 4 94 97 58 16

RESTAURANTS

La Ponche
Port des Pêcheurs, Pl. Revelin
Tel: 0033 4 94 97 02 53

Bistrot des Lices
3, Pl. des Lices
Tel: 0033 4 94 97 2831

La Cascade
5, Rue de l'Eglise
Tel: 0033 4 94 54 83 46

L'Olivier
Route des Carles
Tel: 0033 4 94 97 58 16

La Marine
22, Quai Jean Jaurès
Tel: 0033 4 94 97 04 07

NACHTLEBEN

Les Caves du Roy
Hotel Byblos
Tel: 0033 4 94 97 16 02

Le Papagayo
St. Tropez port
Tel: 0033 4 94 97 07 56

Juan-les-Pins

HOTELS

Belles Rives
33, Bd. Eduard Baudoin
Tel: 0033 4 93 61 02 79

Nizza

HOTELS

Hotel Negresco
37, Promenade des Anglais
Tel: 0033 4 93 16 64 00

RESTAURANTS

Nissa-Socca
5, Rue Ste. Reparate
Tel: 0033 4 93 80 18 35

Auberge de Bellet
St. Roman de Bellet
629, Route de Bellet
Tel: 0033 4 93 37 83 84

Le Comptoir
20, Rue Saint François de Paule
Tel: 0033 4 93 92 08 80

St. Jean Cap Ferrat

HOTELS

La Voile d'Or
Jachthafen
Tel: 0033 4 93 01 13 13

Grand Hotel du Cap Ferrat
Bd. Général de Gaulle
Tel: 0033 4 93 76 50 50

Brise Marine
58, Ave. Jean Mermoz
Tel: 0033 4 93 76 04 36

RESTAURANTS

Le Provençal
2, Ave. Denis Séméria
Tel: 0039 4 93 76 03 97

Beaulieu-sur-Mer

HOTELS

La Reserve de Beaulieu
5, Bd. Général Leclerc
Tel: 0033 4 93 01 00 01

Le Metropole
15, Bd. Général Leclerc
Tel: 0033 4 93 01 00 08

RESTAURANTS

Senzo
Port de Plaisance
Tel: 0033 4 93 01 65 75

NACHTLEBEN

Jimmy'Z
Palais Congrès, Bd. Croisette
Cannes
Tel: 0033 4 93 68 00 07

Italienische Riviera

Portofino

HOTELS

Hotel Splendido
13, Salita Baratta
Tel: 0039 0185 269 551

Splendido Mare
Via Roma
Tel: 0039 0185 269 551

RESTAURANTS

Pitosforo
9, Molo Umberto I
Tel: 0039 0185 269020

Stella
3, Molo Umberto I,
Tel: 0039 0185 269007

NACHTLEBEN

Carillon
10, Via Paraggi a Mare
Santa Margherita Ligure
Tel: 0039 0185 286721

Forte dei Marmi

HOTELS

Augustus
169, Viale Morin
Tel: 0039 0584 787200

Franceschi
Via XX Settembre
Tel: 0039 0584 787114

Pensione Bandinelli
3, Via Torino
Tel: 0039 0584 787455

BAGNI & RESTAURANTS

Bagno Piero
1, Via Arenile
Tel: 0039 0584 81647

Bagno America
4, Via della Repubblica
Tel: 0039 0584 83996

Orsa Maggiore
29, Via della Repubblica
Tel: 0039 0584 82219

Maitó
28, Via Arenile
Tel: 0039 0584 80940

Da Valé
4, Piazza Garibaldi
Tel: 0039 0584 89361

NACHTLEBEN

La Capannina di Santini Gianluca
18, Via della Repubblica
0039 0584 83414

La Canniccia
Località Marina di Pietrasanta
1, Via Unitá d'Italia
Fiumetto
Tel: 0039 0584 23225

Porto Ercole & Monte Argentario

HOTELS

Il Pellicano
Località Sbarcatello
Porto Ercole
Tel: 0039 0564 858111

Don Pedro
7, Via Panoramica
Porto Ercole
Tel: 0039 0564 833914

Filippo II
Località Poggio Calvello
Tel: 0039 0564 812694

Torre di Cala Piccola
Località Cala Piccola
Tel: 0039 0564 825144

Terme di Saturnia
Località Saturnia
Tel: 0039 0564 601061

NACHTLEBEN

La Strega del Mare
Località Cala Grande
Tel: 0039 0564 824191

RESTAURANTS

Da Armando
2, Via Marconi
Porto Santo Stefano
Tel: 0039 0564 812568

King's Bar and Restaurant
Lungomare Andrea Doria
Porto Ercole
Tel: 0039 0564 831007

Il Gambero Rosso
Lungomare Andrea Doria
Porto Ercole
Tel: 0039 0564 832650

La Fontanina
Località San Pietro
Tel: 0039 0564 825261

Locanda di Ansedonia
Via Aurelia, Km 140.500
Orbetello
Tel: 0039 0564 881717

LA COTE D'AZUR
L'ÉTÉ

Pitorsino
Via Aurelia, Km 140
Orbetello
Tel: 0039 0564 86279

Capri & die amalfitanische Küste

Capri

HOTELS

Hotel Quisisana
2, Via Camerelle
Tel: 0039 081 8370788

La Scalinatella
8/10, Via Tragara
Tel: 0039 081 8370633

STRANDRESTAURANTS

La Canzone del Mare
93, Via Marina Piccola
Tel: 0039 081 8370104

Da Luigi
Via Faraglioni
Tel: 0039 081 8370845

RESTAURANTS

La Capannina
14, Via delle Botteghe
Tel: 0039 081 8370732

Da Paolino
11, Via Palazzo a Mare
Tel: 0039 081 8376102

Le Grottelle
3, Via Matermania
Tel: 0039 081 8375719

NACHTLEBEN

Anema & Core
1, Via Sella Orta
Tel: 0039 081 8376461

Pentothal
45, Via V. Emanuele
Tel: 0039 081 8376793

Sorrento

HOTELS

Bellevue Hotel Syrene
1, Via Marina Grande
Tel: 0039 081 8783963

Sant' Angelo
Pl. dei Capi
Cocumello
Tel: 0039 081 8793042

RESTAURANTS

Don Alfonso 1890
11, S. Agata
Tel: 0039 081 8780026

Positano

HOTELS

La Sireneuse
(Le Sirenose)
30, Via C. Colombo
Tel 0039 089 875001

San Pietro
2, Via Laurito S. Pietro
Tel: 0039 089 812080

Palazzo Murat
23, V. Mulini
Tel: 0039 089 875177

La Buca di Bacco
4, Via Rampa Teqlia
Tel: 0039 089 875699

RESTAURANTS

La Cambusa
Piamma Amerigo Vespucci
Tel: 0039 089 875432

Carlo e Tanina
69, Via Montepertuso Pestella
Tel: 0039 089 811806

Register

Kursiv gesetzte Zahlen beziehen sich auf Bildunterschriften

Danksagung

Für ihre unschätzbare Unterstützung danken die Herausgeber: Marchesa Laura Mansi, Isabella Vincenzini, Piera and Antonio Fontana, Giulia Boroli, Baron und Baroneß Casana, Emma Bini Valdoni, Patrizia Campione, Giovanni Russo, Stephen White. Besonders danken wir all jenen, die uns gestatteten, ihre Häuser zu fotografieren, und wir möchten uns dafür entschuldigen, daß aus Platzgründen nicht alle in das Buch aufgenommen werden konnten.

Bildnachweise: The Advertising Archives: 208, 210. Agenzia Dufoto: 90, 91, 92. Azienda Autonoma Cura Soggiorno e Turismo, Isola di Capri: 144. Farabolafoto: 147. Giovanni Russo: 178-9. The Hulton Getty Picture Library: 8, 13, 93, 138, 142. The Image Bank: 89, 211. The Koba Collection: 11, 12, 14, (Bob Hawkins) 15. Magnum: (Elliott Erwitt) Schutzumschlag, (Rene Burri) 16, (Nicolas Tikhoniroff) 17. Popperfoto: 141, 143, 145. Topham Picture Point: 86, 146.